BEST OF
COMEDY

BEST OF COMEDY

Willy **Astor** Horst **Evers** Hennes **Bender**

Otto **Waalkes** Olaf **Schubert** Sascha **Korf**

Ralf **Schmitz** Chris **Boettcher** Michael **Mittermeier**

Matze **Knop** Helge **Schneider** Ingo **Oschmann**

Michaela **Moses** Oliver **Kalkofe**

riva

Bibliografische Information der Deutschen Nationalbibliothek
Die Deutsche Nationalbibliothek verzeichnet diese Publikation in der Deutschen Nationalbibliografie.
Detaillierte bibliografische Daten sind im Internet über http://dnb.d-nb.de abrufbar.

Für Fragen und Anregungen:
bestofcomedy@rivaverlag.de

1. Auflage 2011

Nymphenburger Straße 86
D-80636 München
Tel.: 089 651285-0
Fax: 089 652096

Umschlaggestaltung: Marco Slowik, München
Umschlagabbildung: iStockphoto
Satz: HJR, Jürgen Echter, Landsberg am Lech
Druck: CPI – Ebner & Spiegel, Ulm
Printed in Germany

ISBN 978-3-86883-137-5

INHALTSVERZEICHNIS

TOI TOL STOI

Seit wann gibt es Bücher mit Staben? Heute wäre ein Buch ohne Staben nicht mehr vorstellbar.
Es begann alles damit, dass Gott diese Staben vor 25.000 Jahren in einen Moorsee schleuderte. So entstand das Moorsee-Alphabet. Der Schatz im Silbensee.
Wann haben Sie das letzte Mal ein Buch gelesen? Der berühmte Regisseur Polanski z. B. schaut jeden Morgen beim Rasieren in einen Roman. Dann denkt er sich, Mensch, sind meine Eugen Roth!
Schon in jungen Jahren hab ich gern gelesen, vor allen Dingen in der Schule. Heutzutage gibt es Eltern, die schon froh sind, wenn ihre Kinder überhaupt in der Jules Verne.
Und ich hab beim Lesen immer gern genascht: Ja, ich war ein Süskind, wollte aber kein Bounty oder Snickers oder so was, nein, mich interessierte nur ein Ringelnuts.
Dann hab ich mich damals, erst 14jährig, in Buchhandlungen beworben. Als stellvertretender Chef. Ja, ich war ein Hugendouble.

Bis heute lese ich bei jeder sich mir bietenden Gelegenheit, im Busch oder im Kühlschrank, weil ich Max Frisch. Auch an den Ufern des Rio Pedro saß ich mit feucht Wanger und weinte.
Mein erstes Buch hatte noch gar keine Seiten, das war ein Leerbuch, mein zweites hielt ich an der Kasse schon in der Handke, und dann flüsterte mir mein Gewissen zu: Kafka Buch! Klau's Mann!
Ich hab's mir aber dann doch kleist. Wollte es gar heiraten. Aber es war schon gebunden und völlig überarbeitet.

Im Grunde lese ich Bücher nicht, ich bin verrückt nach Büchern, ich verschlinge Bücher, ja, ich trinke Bücher. Oft einen ganzen Liter atur!
Mich interessieren Fragen wie: War Hermann Hesse? Ist es erlaubt, wenn man über Camus albert? Warum mag der Benjamin Britten?
Viele Schriftsteller neigen zu schlampiger Körperhygiene, war der Maria Rilke da ein bissl rainer? Und: Hätten Sie etwas dagegen, wenn ich hin und wieder die Jeli neck, und wenn sich mich dann fragt: Hey, Willy, wieviel Bier hast du wieder getrunken, sag ich: 11 Riede.
Bücher sind für mich wie guter Wein, das ist ja auch der Grund, warum ich oft noch so spät lese. Es kann natürlich auch ein ganz einfacher österreichischer Wein vom Markt sein, ein Marktwain.
Aber Bücher können auch zum Verhängnis werden, vielleicht wär ja die Titanic gar nicht untergegangen ohne diese blöde Leck-Türe!?
Lektüre, die blöd macht gibt es auch, z. B. die Biografien vom Daniel Küblböck, Boris Becker, Dieter Bohlen. Wenn Sie diese Bücher öffnen, werden Sie es leise stöhnen hören: »Ah, oh, uh, oh!« Das sind die Leiden der jungen Wörter.

Natürlich bin ich vorbelastet, ich hatte einen lessin'g Vater, von Beruf Fassbinder, meine Mütter war Hausfrau, von ihrer Figur eher molière, Richtung dickens, aber meinem Vater war das recht, der fand nämlich die Dürren matt. Sie lernten sich kennen bei einem langsamen Walser.
In unseren Wasserhähnen steckte eine deutsche Dichtung, sogar unser Hund war literarisch gebildet, allein, wie er gekläfft hat: Böll! Böll!

Wir wohnten in einem bescheidenen Brockhaus hinter der Vogelweide, und wenn's geläutet hat, war's oft der Schiller mit seiner Glocke. Es war Zeit zum Kicken, und dann stand er da mit seinem Ballsack. Und was glaubst duden, wieviel Bälle waren da drin!? Genau drei Stück. Bälle tri Stick. Und Mutter schrie uns nach: Brecht ... euch nix!
Wir waren nie im Ausland. Wozu auch in die Ferne schweifen, wo das Goethe liegt so nah!
Mein Opa hat sogar noch den Emanuel kant und sich immer gefreut, wenn ich für ihn mal aufs Bleck trommel. Grass!

Dieser Opa hatte eine Teufeltätowierung am Hinterbein, eine satanische Ferse, die Haxe des Bösen.
Ich dachte, ich über rushdie. Bevor meine Geschichte unendlich wird, komm ich zum Ende. Ich hoffe, Sie konnten ein wenig kishon.
Denken Sie daran: Lesen verhindert das vorzeitige Altern. Im Gegenteil, du wirst im Ernst jünger.
Also dann toi tol stoi!

RADKÄPPCHEN

Es war einmal im großen dunklen Schilderwald ein kleines Wurzelholz, dort wohnte in einer kleinen Rostlaube das noch kleinere Radkäppchen.

Radkäppchen wunderte sich, denn sie hatte schon seit über sechs Stunden ein paar Schweinswürstl auf dem Rost liegen, die immer noch nicht fertig waren: Mensch, das ist aber ein kühler Grill …
Plötzlich klopfte es an der Tür: Puch puch.

»Wer ist da?«
»Ich bin es, Kater Lysator …«
»Oh! Kater Lysator!«
»Tacho, Radkäppchen! Das ist Heizung, mein Hyunday … sitz, Heizung!«
»Mensch, das ist aber ein netter Hund!«
»Ja, ich find ihn A klasse.«
»Was führt dich zu mir Kater lysator?«
»Nun, ich war heute früh schon auf dem Überrollhügel und genoss den wunderschönen Blick, der sich über das Tal bot. Plötzlich hör ich ein Geräusch, und stell dir vor, es waren Toyoten … Tja, nix ist unmöglich! Zuerst dachte ich: Schnell Ford, die tun was, und dann war mir klar, der böse Golf war wieder im Wald, pass also auf, Radkäppchen …«
»Danke für den Tipo!«
»Gut, dann werd ich mich jetzt wieder ins Gelände wagen …«
Zwei Tage später hatte Radkäppchen fettige Haare. Das lag daran, dass sie immer sehr nahe am Öl stand. Sie wollte sich eh mal wieder richtig auffrisieren lassen und machte einen Termin in der Waschstraße: »Und dann lass ich mir auch die oberen Locken wellen!«

Plötzlich hörte sie ein Geräusch: Kikeriki super bleifrei kikeriki superbleifrei … Aber das war nur der Benzinhahn …
Auf der großen Wiese standen gerade 300 SL und eine japanische Kuh namens Plung, auch genannt die Kuh Plung. Die Kuh Plung hatte zusammen mit den 300 SL einen ge-

setzlichen Kauvertrag, und einmal im Monat kam es zu einer Abgrasuntersuchung ...
Radkäppchen trank gerade eine Tasse Tee mitsubishi Citroën ... In dem Moment kam plötzlich der böse Golf volvon der Seite ...

»Hallogen Se doch mal her. Junges Käppchen, darf ich fragen, wohin der Weg Sie fiat?«
»Ich muss in die Waschstraße ...«
»Dahaitsu aber noch einen langen Weg vor dir. Schau mal, ich hätte da zur Stärkung ein Ferrari rocher!«
»Nein danke, ich muss auf Ferrari rocher immer nissan!«
Der böse Golf wurde nun richtig wütend ... »Hey, du bist mir vielleicht eine Mazda, bete schon mal und zünd Kerzen an, ich werde dich nämlich in den Schnee ketten!«
Radkäppchen lachte, denn es war Sommer und sie 31 ...
In dem Moment kam plätzlich Prinz Borgward zu Calibra, auch genannt der rote Corsa ...
Das Radkäppchen schrie: »Esso...s! Hau bloß ab, böser Golf, sonst schieß ich dich mit meinem Gwehr nieder, und dann kannst du im Himmel Reifen schnitzen, verstehst du: Niedergwehrschnitzreifen ...!«
»Und nun zu dir, mein Schatz, darf ich dich tieferlegen!?«
»Was heisst da tieferlegen, du kannst froh sein, wenn ich dir deinen Cadillac ...«
»Ach Radkäppchen, nur ein Spritzer ...«
»Ein Spritzer? Und in welcher Position?«
»Ach, du wirst doch nicht von mir erwarten, dass ich dir meine Nummern schilder!«
Trotzdem wurden die beiden noch ein Paar, wie Romeo und Alfa. Sie hatten jede MengEspace.
Zur großen Hochzeitsfeier wollte sich der Prinz von einem Metzger ein Lamm ausleihen, aber der Metzger sagte: »Tut mir leid, ein Lamm borgi nie!« Zur Trauung spielte ein

polnischer Hochzeitslada. Ihre einzige Tochter Mercedes-Corolla war gut in der Fahrschule – nur in Theorie hatte sie jedes Jahr einen neuen 5er.
Sie konnten sich jetzt jede Menge Chrom leisten und genossen ein Leben voller Lexus in einem 2CV.
Ente gut. Alles gut.

> Schlüsselszene mit einem Franzosen und seiner Mutter <

SEHR FRÜH HERBST

Ich ging im Mai zur Tür hinaus
Und freute mich voll Wonne
Auf einen satten Frühlingstag
Mit warmer milder Sonne

Doch fielen plötzlich von den Bäumen
Welke gelbe Blätter
Ich rief gleich beim Naturarzt an
Der schickte Sanitäter

Sie luden's Laub auf ihre Bahre
Und sind losgestartet
So kam der Herbst im Mai bereits
viel früher als erwartet

Litfass-Eule

LÄNDERSPIELE

Ich komme gerade aus Tralien. Kennen Sie Birien? Bahamas wieder. Waren Sie schon mal in Donesien? Da hören Sie den ganzen Tag die Fidschi winseln.
Neulich war ich im Nahen Osten und habe einen Tramper mitgenommen – ist doch selbstverständlich, dass ich für einen Sachsen anhalt.
In Asien gibt es ein Gebiet, das besteht aus zwei Teilen Wasser und einem Thail Land. Fragt mich einer, ob ich mich mit ihm auf eine Bangk hock. Sag ich, nein, wegen des Erdbebens. Sagt er, hast du Angst? Sag ich ja, panisch.

Er hat die ganze Zeit auf mich eingequatscht, und ich dachte mir, was soll ich jetzt mit dem Labarador? Sein Name war Ludwig, und er wollte unbedingt bei mir London. Sag ich, das ist jetzt Tschad, weil ich bin leider kein Homo Lulu, und schau, du bist bestimmt ein ganz lieber Nese und ich mogadischu, aber ich werde heute Abend noch mit der Lisa bon. Die Lisa kommt aus einem Land, wo man Briefmarken nicht mit dem Mund befeuchtet, nein, da tut man das Porto gießen. Aber bei uns ist es auch lustig, in Hessen z. B. sagt man zu Männerunterhose Rüssels Heim.

Wohnen tue ich momentan in der Behringstraße bei Ruth. Ach, Kansas? Wobei ich auch ab und zu in Pnomm penn. Da ist eine reine Männer-WG, lauter Burma. Ist aber selten wer zu Hause, ab und zu ist der Flori da, aber letztes Jahr war gar Kanada. Macht nix, weil hoyer's wer da.
Manchmal treffen wir uns alle beim Zähneputzen. Sag ich, leih mir mal deinen Kamm, Botscha. Ägypten mir. Neulich geh ich in den Waschraum, liegt so eine Art Kamel in der Botswanna, sag ich, was soll das? Spuckt mich das Tier an und meint: Is' Lamabad!
Ansonsten wird bei uns wenig gesprochen. Der Braun schweigt, Martin nickt, gar nicht zu reden von Karls Ruhe – und unterm Dach liegt seit drei Jahren ein kranker Narier. Der heißt Mühlheim und leidet an der Ruhr.

Nebenan ist ein Lokal, da Kamerun glaublich gut essen. Meistens ess ich Salat, weil meine Mama sagt, es sei gut für die Verdauung, wenn ich ab und zu mal ein Moos kau. Aber neulich dachte ich, heut isst an Bull! Eine halbe Stunde nach meiner Bestellung kommt der Ober an den Tisch und meint, er wollte gerade den Bull garen, dreht sich um, und plötzlich war der Ochs fort. Sag ich, das war bestimmt die Sau, die arabische, was gibt's denn sonst noch? Sagt er:

Einen Yoko hama. Aber der war letztes Mal so scharf, dass ich dachte, ich bell fast.

Ich hatte einen Traum: Ich stand allein in der Schlafzimmerabteilung vom Kapstadteinrichtungshaus – plötzlich kommt meine Traumfrau auf mich zu. Sie sah meine abstehenden Ohren und ich Zaire. Tansania alle Einkaufstüten geplatzt. Ich, Kavalier der alten Schule, sag: Ich heb das auf und Syrien sich nicht vom Fleck. Darf ich Sie heute abend in die Oper einladen: »Oslo sprach Zarathustra«.
Na, Sie sind mir ja ein ganz Albaner, aber warum nicht!

Nach der Oper aßen wir bei mir. Sie bekam Nudeln und i biza.
Ich komme übrigens aus Mecklenburg!
Ach, entgegnete ich, das kann doch mal vorpommern! Ich finde, du bist schwerin Ordnung!
Ja, diese Frau wollte ich Lybien. Ich stellte sie mir im Badeanzug vor und wusste, die Frau, die kommt im Bikini a toll. Mir stand der Schweiz auf der Stirn, denn sie hatte offenbach keine Hemmungen: Ja! Ich will dir meinen Leip zigmal zeigen! Und wenn er der von der einen Seite zu langweilig wird, dann dresden!
Als ich schließlich ihr linkes Elfenbein küsste, waren meine Klagen furt. Es kamen Pariser zur Sprache, doch ihre Reaktion war lapidar: Lass vegas!

Nun freute ich mich doch gehörig auf ein Hammerfest, als sie vor Entsetzen aufschrie: Was is'n das!?
Sag ich: Lanza rote und buenos Eires, warum?
Sagt sie: Da braucht man aber eine guade Loup'!
Da hab ich mich sofort wieder angezogen – ich bagdad nicht.

Ich glaube, da war für jeden was dubai und die panama kann man sich merken. Und wenn Sie demnächst mal ins Gebirge fahren, dürfen Sie folgendes nicht vogesen: festes Schuhwerk. Sonst könnten Sie ganz leicht abruzzen. Das hat noch keiner Bayreuth.
Danke für Ihre Aufmerksamkeit. War Schau!

AUF DER SUCHE NACH …

PROLOG

… EINEM PLAN ODER IRGENDWIE SOWAS

YOUTUBE UND BROT

Freitagmorgen. Renne durch die Wohnung und suche meine Mütze. Will nicht ohne die Mütze raus. Es ist viel zu windig. Würde mich erkälten. Aber verdammt, wo ist sie nur?
Ah, mit diesem Suchen und Wühlen wird das nix. Setze mich an den Computer und google nach der Mütze.
Zack, da ist sie schon! Der Google-Link leitet mich weiter zu YouTube, und mit ein paar Klicks bin ich bei meinem eigenen Videostream. Seit ich mich immer beim Nachhausekommen filme und dann den kleinen Film sofort bei YouTube ins Netz stelle, spare ich viel Zeit. Zeit, die ich sonst immer fürs Suchen von Mütze, Schal, Schlüssel, Schirm

oder Schuhen gebraucht habe. Ich gucke mir einfach am nächsten Morgen bei YouTube meinen Videostream vom Nachhausekommen an, und rumms! kann ich genau sehen, wo ich alles hingeschmissen habe. Was hab ich früher nicht alles ständig gesucht, aber jetzt kann ich genauso einfach, schön und unkompliziert leben wie alle anderen auch.
Dieses YouTube ist super. Kann ich verstehen, daß Google da 1,6 Milliarden Dollar für bezahlt hat. Hätt ich auch gemacht. Aber ich hab den Moment verpaßt ...

Oh nein, ich hatte die Mütze beim Nachhausekommen gar nicht auf. Ich muß sie schon in der Kneipe liegengelassen haben. Aber in welcher?
Ah, so ganz und immer hilft einem die moderne Technik eben doch nicht weiter. Irgendwann stößt sie an ihre Grenzen. Da muß wohl heute Nacht ich alte Suchmaschine selbst noch mal ran und durch alle Kneipen gucken. Termine! Termine!
Aber jetzt muß es irgendwie anders gehen. Setze mir die Camcordertasche auf den Kopf und ziehe los.
Der Bäcker hat sich irgendwie verändert. Stimmt, er heißt plötzlich nicht mehr Lekkerback, sondern Spitzenback. Na, Selbstvertrauen haben sie ja. Scheint sich aber auch auszuzahlen. Immerhin drei Leute sind vor mir in der Schlange. Und auch die Verkäuferin ist niegelnagelneu. Der Mann ganz vorne unterzieht sie gerade einem ersten ernstzunehmenden Test:

– Guten Tag, ich möchte gerne für morgen ein Brot von gestern vorbestellen.
– Sie wollen was?
– Ein Brot von gestern vorbestellen. Für morgen.
– Das geht nicht. Das morgige Brot von gestern ist ja heute schon da. Das kann man nicht mehr vorbestellen.

– Aber morgen kostet das Brot von heute, weil's von gestern ist, doch nur noch die Hälfte.
– Ja.
– Na, und das will ich.
– Aber das geht nicht. Heute gibt es noch kein Brot, das morgen von gestern ist.
– Ja, aber da hinten liegt es doch.
– Was?
– Na das Brot, das morgen von gestern ist. Da hinten.
– Ja, aber das ist doch von heute.
– Eben, deshalb will ich's vorbestellen. Dann kostet's ja nur die Hälfte.
– Ja, ja, aber das geht nicht. Man kann Brot von gestern nicht vorbestellen. Wie stellen Sie sich das denn vor? Wenn das alle machen würden. Wo sollte ich denn das ganze Brot lagern? Den Platz hab ich hier gar nicht.
– Der Lagerplatz ist das Problem?
– Ja, genau. Ich brauch doch morgen den Platz für das Brot von morgen.
– Na ja, wenn das das ganze Problem ist, bestell ich eben jetzt für morgen ein Brot von gestern, aber nehm's heute schon mit.
Die Verkäuferin starrt ihn an. Dann starrt sie auf die Schlange, die mittlerweile bis fast auf den Bürgersteig angewachsen ist. Mit leeren Augen packt sie das Brot ein, kassiert den halben Preis und schaut zur nächsten.
– Bitte?
– Ich würde gerne für morgen sechs Brötchen von gestern vorbestellen.
Der Blick der Bäckereifachkraft wird noch leerer. Diesesmal verzichtet sie bereits auf einen Dialog.
Dann bin ich dran. Die Verkäuferin fragt mich, ob ich eine Camcordertasche auf dem Kopfe trage.
Sage:

– Ja, warum?
– Na weil … … ach, egal.
Sie schiebt mir vier Croissants rüber, murmelt:
– Is okay, stimmt so.
Ich glaube, die Verkäuferin wird nicht lange in unserer Bäckerei arbeiten.

… WAHRHEIT

MAL ÜBER DEN TELLERRAND GUCKEN

Dienstagmittag. Stehe an der Bushaltestelle und friere. Habe ein schlechtes Gewissen. Da haben wir schon Klimakatastrophe, ständige Erderwärmung, und ich friere immer noch. Kann man es mir denn überhaupt nicht recht machen? Bin ich denn nie zufrieden? Fühle mich undankbar. Undankbar wie die ganze Menschheit. Der Bus hat Verspätung. Bestimmt schon eine Minute. Unglaublich, wie einen diese Berliner Verkehrsbetriebe schikanieren! Trete mit dem Fuß gegen das Haltestellenhäuschen. Als wenn er davon schneller käme. Obwohl, ich hab kaum gegen das Häuschen getreten, da biegt er auch schon um die Ecke. Beschwere mich beim Einsteigen beim Fahrer. War das denn unbedingt nötig? Mußte es denn erst so weit kommen, daß ich gegen das Häuschen trete, bis er endlich mal kommt? Geht denn in dieser Welt alles nur noch mit Gewalt? Der Busfahrer schaut mich an. Dann nickt er schuldbewußt. Ja, es stimmt, er habe die ganze Zeit schon an der Ecke gestanden und nur darauf gewartet, daß ich endlich mal gegen das Häuschen trete. Dann erst sei er losgefahren.
Aber er sei letztlich auch nur ein Teil einer großen, allumfassenden Weltverschwörung. Einer Weltverschwörung, welche nur ein einziges Ziel habe, nämlich mir, wann immer

es geht, das Leben zur Hölle zu machen. Über die genauen Hintergründe dürfe er leider nichts sagen, aber die Verbindungen dieser Verschwörung gingen bis ganz, ganz nach oben. CIA, Mossad, KGB, die hängen da alle mit drin und sorgen dafür, daß jedes Regal, das ich in die Wand schraube, runterkracht, jeder Joghurt immer genau eine Woche abgelaufen ist, wenn ich ihn zufällig im Kühlschrank wiederfinde, und jede Schachtel Pralinen immer direkt beim Gewicht anschlägt. Mehr noch, die ganzen Spionage-, Kalter-Krieg- und Waffenschiebertätigkeiten dieser Geheimdienste seien letztlich alles nur Tarnmanöver, um von ihrem tatsächlichen und einzigen Ziel abzulenken, nämlich mir, wann immer es geht, den Tag zu versauen ...

Ich nicke:
– Hm. Verstehe, dann ergibt ja endlich alles einen Sinn.
Bedanke mich beim Busfahrer für seine Offenheit. Er nimmt meine Hand:
– Bitte, verraten Sie niemandem, daß ich Ihnen alles erzählt habe, ich würde sonst richtig Ärger bekommen.
Verspreche es ihm. Ich meine, warum auch nicht. Die Wahrheit glaubt einem ja doch keiner.

CHANCE ALS SCHEITERN

Neulich habe ich etwas gemacht, was ich mittlerweile wirklich viel zu selten mache. Ich hab mich mal wieder ganz in Ruhe hingesetzt und ein gutes Buch gelesen. Es war die Gebrauchsanleitung meines Videorecorders.
Vielleicht ist es jetzt nicht direkt nachvollziehbar, warum das so erhebend war. Erst recht nicht, wenn man bedenkt, daß der Videorecorder ja gerade erst kaputtgegangen ist. Irreparabel kaputt, für immer, weil: Sowas repariert dir ja heutzutage keiner mehr. War aber trotzdem interessant.

Schon erstaunlich, was dieses Gerät alles gekonnt hätte. Mensch, mensch, mensch, was sich das allein alles merken konnte. Schon irgendwo schade, daß ich es nur zum direkten Aufnehmen und Abspielen genutzt habe. Wahrscheinlich hat sich der Videorecorder in der gesamten Zeit hier völlig unterfordert gefühlt. Ist wohl am Ende ziemlich verbittert gewesen, hat still in sich reingeschimpft: »Mann, mann, mann, mann, mann, wie ich dieses ewige Aufnehmen und Abspielen satt habe. Ich könnte bis zu zehn Programmierungen gleichzeitig ausführen, im Monatlich-, Wöchentlich-, Täglich-, Stündlich-Modus, mit Timer, Showview, VPS, was de willst, Weckfunktion, Kindersicherung, sogar Passwörter kann ich mir merken, aber nix, nix, nix, nix, nix ... Er benutzt immer nur die fünf oberen Tasten. Oh, diese Flasche! Ich mag bald nicht mehr ...«

Ob ihn das wirklich ins Grab gebracht hat? Diese ständige Unterforderung? Weiß noch, wie ich vor Monaten mal versehentlich auf die Einstellungs- und Programmierungstaste auf der Fernbedienung gekommen bin. Hui, da war was los. Wie aufgeregt der war. Was der mir nicht alles vorgeschlagen hat. Und hier noch 'ne Idee, und da noch'n Menü und »hallo, hallo, hallo, das könnte ich auch noch«. Überhaupt nicht mehr zu bremsen war er da. Wußte mir dann nicht anders zu helfen, als den Stecker zu ziehen und ihn erst zwei Tage später, nachdem er sich einigermaßen beruhigt hatte, wieder einzustecken. Danach war er einfach nicht mehr derselbe. Vielleicht hat ihm das letztendlich den Lebensmut genommen. Und jetzt ist es ganz vorbei.

Wie viele meiner Geräte wohl noch völlig unterfordert sind? Wahrscheinlich alle. Also bis auf den Eierkocher, denn den benutze ich ja überhaupt nicht. Der weiß gar nicht, wie das

ist, mal Strom zu kriegen, eingeschaltet zu werden oder so. Der kennt das nicht anders, der denkt sich nix dabei.
Auf meinem Handy gibt es Menüleisten, auf denen noch nie zuvor ein Mensch gewesen ist. Wenn Außerirdische mal geheime, hochentwickelte, alle Probleme lösende Technologie auf der Erde verstecken wollen, sollten sie dies auf den unteren Menüleisten meines Handys tun. Dort wird nie jemand davon erfahren. Wahrscheinlich haben sie das auch schon längst getan.

Im Flur stehen 1a-Laufschuhe. Vorletztes Jahr nach dem Berlin-Marathon dachte ich: Das kannst du auch. Hab gleich am nächsten Tag mit dem Training begonnen. Erst mal ein paar Kilometer locker durch den Park. Aber nach 800 Metern hatte ich das Gefühl, die Lungenflügel fliegen mir um die Ohren. Konnte mir nicht erklären, woran das lag. Kam dann zu dem Schluß: Wahrscheinlich die Schuhe, du hattest einfach nicht die richtigen Schuhe. Habe mir dann diese Top-Profi-Laufschuhe gekauft, ergonomisch getestet im Windkanal, in der Wüste, im Gebirge; belastbar bis weit über 100.000 Laufkilometer. Heute sind diese Schuhe die wahrscheinlich am meisten unterforderten Gegenstände in meinem Haushalt. Bin immerhin im letzten Jahr mit ihnen mal an die Marathonstrecke, damit sie wenigstens mal anderen beim Laufen zugucken können.

Wenn ich mir demnächst einen neuen Videorecorder kaufen will, wird der Verkäufer sicher sagen: »Das ist Quatsch.« Ich soll mir lieber einen DVD-Recorder kaufen, die können mittlerweile noch mehr. Und mir wird das natürlich einleuchten, denn je mehr technische Möglichkeiten man hat, desto größer ist das Gefühl von Freiheit, von Unabhängigkeit. Aber natürlich nur, solange man diese Möglichkeiten nicht zu nutzen versucht.

Wahrscheinlich würde das ja eh alles nicht wirklich funktionieren, und dann hält man sich für zu blöd. Da ist es doch besser, zu denken, man könnte, wenn man nur wollte, aber muß ja nicht. So, wie damals in der Schule, wo ich auch häufig gar nicht erst versucht habe, die Fragen der Lehrer zu beantworten. Dafür dann aber denken konnte: Wenn ich nur wollte, wenn ich mir wirklich Mühe geben würde, wäre ich wahrscheinlich der Allerschlauste hier. Ein gutes Gefühl, allein dieser Glaube hat mir gereicht. Ich hatte eine glückliche Kindheit.

Werd ich mir nun also einen DVD-Recorder kaufen. Was aber wird dann aus den gut 200 Videokassetten werden? Werde sie wohl neben den kaputten Plattenspieler und die rund 500 Schallplatten stellen und dann geduldig warten, bis das alles total die Raritäten sind und damit schweinemäßig wertvoll. Quasi eine weitere Säule meiner Altersvorsorge. Und dann werd ich mal wirklich eine gute Tat vollbringen. Ich werde zur Waschmaschine gehen und einfach mal eines dieser abstrusen Waschprogramme laufen lassen. Pflegeleicht-Feinwäsche-Synthetik-Spezial, mit extra Wasser, schonend schleudernd, bei aktivierter Fuzzy-Logik-Automatik, Energiespartaste, 37 Grad im Bettwäschemodus. Na, die wird Augen machen. Hoffentlich wird der Eierkocher nicht neidisch.

MEIN RECHT ALS STAATSBÜRGER

Mein Fahrrad ist gestohlen worden. Aus dem Innenhof. Schon wieder. Schon das dritte Fahrrad, das mir in Berlin gestohlen wurde. Jetzt reicht's. Polizei gerufen. Der Kontaktbereichsbeamte findet den Diebstahl komisch. Fragt, ob ich sicher bin, daß das Fahrrad gestohlen wurde. Sage, das Fahrrad ist weg, mir persönlich reicht das ja als Beweis. Er sagt, es könnte ja auch sein, daß ein Freund das Fahrrad kurz geliehen hätte oder daß ich das Fahrrad einfach irgendwo vergessen hätte.

Na wunderbar. Hält der mich eigentlich für völlig bescheuert? Sehe ich so doof aus? Das Fahrrad irgendwo stehengelassen! Wenn der keine Lust hat, den Diebstahl aufzunehmen, soll er es halt sagen. Zumindest dazu stehen, daß er zu faul ist, seine Arbeit zu machen. Seine Arbeit, für die ich ihn doch schließlich mit andrer Leute Steuern bezahle.

Wenn ich mal, ein wenig angetrunken, nachts, über den Bürgersteig staksend, versehentlich die eine oder andere Alarmanlage von parkenden Autos auslöse und dann, auch aus Versehen, dort stehenbleibe und im Takt der hupenden Alarmanlage »Come on, baby, light my fire« singe, dann sind sie sofort da, halten lange Vorträge, kritisieren meinen Gesang, zücken Bußgeldbescheide, pipapo ... Das ist ihnen nicht zu mühsam. Aber wehe, man will mal was von ihnen. Dann tun sie so, als wäre man nicht ganz richtig im Kopf, zu doof zum Leben. Es ist doch eine Frechheit, was man sich alles gefallen lassen muß.

Das alles würde ich ihm gerne sagen. Aber ich sage es nicht, weil ich eben so blöd nun doch auch wieder nicht bin. Weil ich weiß, das würde unser Verhältnis nur belasten. Dann tut er gar nichts mehr für mich. Im Gegenteil, wahrscheinlich gäbe es Scherereien. Also halte ich meinen Mund und lasse mich von ihm demütigen, weil ich eben schlau bin, und auch, weil mir just in diesem Moment einfällt, daß ich das Fahrrad tatsächlich vor dem Supermarkt vergessen habe. Stimmt, ich hatte es dort abgeschlossen, es dann aber während des Einkaufs völlig vergessen und bin eben wie immer ganz normal zu Fuß nach Hause gegangen.

Will jetzt aber den Fall mit dieser Randinformation nicht unnötig verkomplizieren. Das geht ja den Polizisten letzten Endes auch gar nichts an. Also meine eigene Doofheit. Eigene Doofheit ist ja wohl immer noch Privatsache. Wär ja noch schöner. Wenn ich schon meine Zeit wegen eigener Doofheit verschwende, muß ich ja nicht auch noch die Zeit des Polizisten verschwenden. Also, zumindest muß er nichts davon wissen.
Lasse ihn in Ruhe alles aufnehmen: Rahmennummer, zipp und zapp, und so haben wir beide doch schon mal das Gefühl, an diesem Tag so richtig was erledigt zu haben.

ÄGYPTEN

Dienstagmorgen, 6.13 Uhr. Das Telefon klingelt. Ich schrecke auf und versuche, mich so freundlich, wie ich um diese Zeit nur eben kann, zu melden:
– Bäärrrhh?
– Hallo Horst, hier ist Peter. Ich wollt nur mal fragen, was machst Du eigentlich Weihnachten?
Ich lege auf. Peter ist ein Arsch.
Anrufe dieser Art bekam ich im letzten Jahr ständig von Peter. Seit er wußte, er würde über Weihnachten nach Ägypten fliegen, verbrachte er seine Vormittage damit, alle seine Freunde anzurufen, um zu fragen, was sie denn wohl Weihnachten eigentlich machen würden.

Als er dann endlich weg war, hat er mich die Tage vor Weihnachten jeden Tag zweimal angerufen und auf den Beantworter gesprochen, wie toll alles in Ägypten ist und wie gut es ihm geht. Das war hart. An Heiligabend hab ich ihn dann aber mittags doch mal zurückgerufen, durchs Handy kann man ihn ja jederzeit überall auf der Welt erreichen. Allerdings meldete sich auf der anderen Seite eine mir völlig unbekannte Stimme in einer Sprache, die ich als »vermutlich ägyptisch« einordnete. Ich wählte die Nummer noch mal, diesmal ganz sorgfältig, aber es meldete sich wieder dieselbe Stimme des vermutlich neuen Besitzers von Peters Handy. Offensichtlich hatte Peter jetzt doch ein Problem in Ägypten. Ich rief bei seiner Telefongesellschaft an, um sein Gerät abzumelden, und war anständig verblüfft, wie einfach das ging. Nummer, Kundenname und eine kurze Beschreibung der Umstände reichten, und das Taschentelefon war abgemeldet. Erstaunlich. Die nächsten Stunden verbrachte ich damit, die Handynummern von verschiedenen Maklern, Brokern und sonstigen Angehörigen zwiespältiger Berufsgruppen herauszufinden und deren Handys abzumelden. Das hat ziemlichen Spaß gemacht. Es kann so einfach sein, sich mal einen schönen Nachmittag zu machen.

... DEM WOHER

VORBEUGENDE WAHNVORSTELLUNGEN

Frisch gewaschene Menschen machen mich immer ein bißchen mißtrauisch. Wenn mir so einer entgegentritt, denke ich immer, der will doch was von mir, warum hätte der sich sonst gewaschen? Stinkende Menschen allerdings machen mich auch mißtrauisch. Da denke ich stets, warum stinkt der so? Der will doch mit seinem Geruch von was noch viel Schlimmerem ablenken. Und so, wie der riecht, muß das schon was richtig Schlimmes sein. Am allermißtrauischsten aber machen mich Menschen, die nach gar nichts riechen. Da stimmt doch nun wirklich was nicht.

Seit einiger Zeit sammle und entwickle ich in meiner Freizeit Psychosen. Ist so eine Art Hobby geworden. Diese ist besonders hübsch. Die Geruchspsychose. Die muß ich mir merken. Die schenk ich meinem Psychotherapeuten zu Weihnachten.

Na ja, tatsächlich habe ich natürlich gar keinen Psychotherapeuten. Bin auch nirgendwo in Behandlung. Ich bilde mir das nur ein, daß ich einen Psychotherapeuten hätte und da immer mal wieder hinmüßte. Das ist so eine Art vorbeugende Wahnvorstellung, damit ich nicht irgendwann tatsächlich mal zu einem richtigen Psychotherapeuten muß, weil: die sind ja alle verrückt. Riechen auch so komisch.

Funktionieren ganz gut, diese vorbeugenden Wahnvorstellungen. Man muß sich das in etwa so vorstellen wie Brandschneisen. Also kleinere, kontrollierte Brände, die man absichtlich legt, um die Ausbreitung von zum Beispiel größeren, gefährlichen Waldbränden zu verhindern. Ist eben alles eine Frage der Organisation.

Aber diese vorbeugenden Wahnvorstellungen haben auch etwas Beruhigendes. Teilweise taugen sie sogar als eine weitere Säule der Illusion einer Altersvorsorge.

Einer der beliebtesten und häufigsten Berufswünsche bei jungen Menschen ist ja zur Zeit Gerichtsmediziner oder Pathologe. So wie in CSI Miami oder dem Münster-Tatort oder noch rund 50 anderen aktuellen Krimiserien und ungefähr zwei Millionen Kriminalromanen. Doch nun mal angenommen, wir bilden jetzt tatsächlich derartig viele Gerichtsmediziner aus: Wo nehmen wir dann später die ganzen psychopathischen Killer her, um die auch zu beschäftigen? Da denkt natürlich heute keiner dran. Außer mir. Dann komm ich groß raus, mit meinen ganzen in der

Freizeit auf Halde produzierten Psychosen. Man wird sie mir aus den Händen reißen. Dann werd ich zum Psychosenmogul.

Es ist schon so, wie die Krankenkassen gerne sagen: Verantwortliche Vorsorge und damit auch Gesundheit beginnt immer im Kopf.

... WÜRDE

IM STRUDEL DER SUCHT

Ich kaufe ungern dicke Zeitungen. Also diese extrem dicken Wochenendausgaben mit großem Immobilienteil oder Automarkt, die kauf ich ungern. Nicht weil ich was gegen Immobilien, Autos oder Märkte hätte. Es ist nur, weil ich so vergeßlich bin. Weil ich mir einfach nicht merken kann, an welchem Tag eigentlich unsere Altpapiertonne im Hof geleert wird. Andere können sich das merken, denn spätestens eine Stunde nach der Leerung ist die Tonne jedesmal schon wieder voll. Wie die das machen, weiß man nicht. Aber irgendwie können sie es.
Diese Problematik begleitet mich schon seit langer Zeit und hat vor einigen Jahren sogar zu einer der schlimmsten Krisen meines Lebens geführt.

Da ich seinerzeit nie einen Altpapiercontainer-leer-Moment erwischte, wuchs der Stapel in der Wohnung schnell an. Bald war er auf Hüfthöhe, dann Brust, dann Schulter. Ich machte das Beste daraus, nannte den Berg erst Archiv, später Bibliothek, dann modernes Antiquariat und kam mir sehr kultiviert dabei vor. Dann kam der Moment, wo ich beim Frühstück beobachtete, wie die Altpapiertonne im Hof geleert wurde. Meine Chance. Jetzt hieß es schnell sein. Doch als ich vor meinem modernen Antiquariat stand, befiel mich auf einmal ein anderer, unglaublich schwachsinniger Gedanke. Ob ich es wohl schaffe, daß dieser Stapel bis zur Decke geht. Mein Ehrgeiz war geweckt. Von nun an lebte ich nur noch für dieses eine Ziel. Ein Mann und sein Traum. An manchem Samstag kaufte ich ohne Grund alle drei Berliner Tageszeitungen mit fettem Immobilienteil, rannte mit ihnen nach Hause und warf sie, ohne auch nur einen Blick reingeworfen zu haben, vor Erregung zitternd auf meinen Stapel. An meinen Briefkasten heftete ich Aufkleber mit der Aufschrift »Werbung bitte hier einwerfen!!!« und forderte sämtliche Kataloge an, die man nur gratis anfordern kann. Ich war wie im Fieber. Freunde wandten sich von mir ab, weil ich mich nur noch für ihre Zeitungen interessierte. Es kam, wie es kommen mußte. Irgendwann erreichte der Stapel die Decke, ich war am Ziel, hatte alles erreicht. Aber nach dem Hochgefühl kam die Leere. Diese schreckliche Leere. Mein Leben hatte plötzlich keinen Sinn mehr. Ich begann einen zweiten Stapel, aber es war einfach nicht mehr so wie früher. Ich wurde apathisch und suchte Trost im Alkohol. Das klappte eigentlich ganz gut.

Immer mehr und mehr trank ich, und langsam wurde ich wieder gesellschaftsfähig. Ich hatte die Altpapiersucht besiegt. Der Rettungsanker Alkohol hatte mich vor dem Abgrund gerettet. Dachte ich. Bis ich deprimiert feststellen mußte, daß ich nur die eine Sucht durch eine noch viel schlimmere ersetzt hatte. Ich begriff meine fatale Lage, als ich mich bei dem Gedanken erwischte: »Ob ich es wohl schaffe, das ganze Zimmer mit leeren Flaschen vollzukriegen?« Von nun an war ich altglassüchtig. Der Strudel zog mich immer tiefer hinab. Auch die Altpapiersucht kehrte zurück, und irgendwann sammelte ich wahllos alles, was mir in die Hände kam. Solange es nur einen grünen

Punkt hatte. Ich beschloß, professionelle Hilfe in Anspruch zu nehmen, doch der Psychologe nahm mich nicht ernst, bis er feststellen mußte, daß nach unserem ersten Vorgespräch sämtliche Zeitschriften aus seinem Wartezimmer verschwunden waren, auch die Bilder hatte ich entrahmt und mitgenommen. Daraufhin nahm er meinen Fall an und schaffte es tatsächlich, mich zu heilen. Und trotzdem ist da immer noch dieses Zittern. An jedem Wochenende, wenn ich diese dicken Zeitungen mit ihren fetten Beilagen sehe. Und manchmal frage ich mich, ob es wohl auch noch andere Menschen gibt, die dicke Zeitungen erregen?

NEU BEI DER BAHN: THEMENSTRECKEN

Willkommen zum neuen Service der Bahn: Eventfahrten mit Themenschwerpunkten. ACHTUNG: Die Preise können je nach Thema stark variieren!

IC »Pete Doherty«, auch genannt DROGENENT-Zug: von Amsterdam über Drogenbos (Belgien) mit Zwischenstopp in Süchteln über Kiffelberg bis Berlin Zoologischer Garten. Natürlich mit langem Aufenthalt am Frankfurter Hauptbahnhof.

Oder wie wär's mal mit einer entspannten Fahrt im InterRegio »Sean Penn«, dem SCHLAFAN-Zug: von Ratzeburg über Pennekamp Bettenhofen, Ruhethal (Bautzen), Stillebeul (Lüdenscheid) und Müden (Mosel) nach Nickersfelden. (Wer's gesprächiger mag, fährt einfach von Schwetzingen über Laaber und Redenfelden nach Dortmund.)

Für harte Jungs gibt's den STRAFVOLL-Zug: von Tötensen über Messerich und Peine nach Killingen, mit Umsteigen in Todtnau oder Leichlingen. Wahlweise Anschluss nach Sargstedt über Gittersbach und Wächtersbach, mit kurzem Aufenthalt in Hof und Endstation Celle. (Kleine Ganoven nehmen die Nebenstrecke über Neppersdorf, Diebach, Klausen, Stehle und Greifswald.)

Schön wäre auch eine kulinarische Reise im DUNSTAB-Zug: von Hungerburg oder Schmachthagen über Würzburg und Mahlberg nach Essen. Danach entweder nach Dormagen oder nach Darmstadt mit Anschluss nach Pforzheim!
Für Vegetarier bietet sich diese Strecke an: ab Linsengericht (Wiesbaden) über Möhrenbach, Dinkelsbühl und Kornwestheim nach Erbsenacker.
Wer es deftiger mag, kann den ICE Rainer Calmund nehmen: von Fleischwangen über Schweinfurt, Specken, Köln-Sülz und Mettmann nach Hinterzarten.

Nett wäre auch der SCHACH-Zug mit folgenden Stationen: Bauernheim, Turmgut, Springen, Lauf, Damendorf und Königswinter.

Und für die Freunde der Erotik auf Schienen empfehlen wir den Emanuelle-Express: von Petting über Scharfbillig nach Blasen (Ortenburg), dort weiter nach Vögelsen via Poppenbüttel, Eindringhausen (bei Remscheid), Möse (Bayern) und Fucking (Österreich).

Wohin immer ihr fahrt, ich wünsche Euch eine GUTE FAHRT!

P.S.: Die erwähnten Orte gibt es übrigens alle wirklich. Einige haben allerdings noch keinen Bahnhof. Aber was nicht ist, kann ja noch …

OTTO WAALKES

OTTO – DAS WERK

DAS WORT ZUM MONTAG

Meine Damen und Herren!
Wir alle haben unsere Sorgen und Nöte und lassen uns nicht mit billigem Trost über die Last des Alltags hinwegtäuschen. Aber als ich neulich in meiner Musikbox blätterte, da stieß ich auf folgende kleine Zeile: »Theo, wir fahr'n nach Lodz«.

Nun, was wollen uns diese Worte sagen? Da ist von einem Menschen die Rede. Von einem ganz bestimmten Menschen. Nicht Herbert, nicht Franz, nicht Willy, nein, Theo ist gemeint. Aber um welchen Theo handelt es sich? Ist es nicht auch jener Theo in uns Allen? Jener Theo, der in so wunderbaren Worten vorkommt wie Theologie, Theodorant, Tee oder Kaffee. Und an diesen geheimnisvollen Theo ist eine Botschaft gerichtet.
»Theo, wir fahr'n nach Lodz«.

Vier fahr'n. Da sind also vier Menschen unterwegs. Und wer sind diese vier? Sind es die vier Jahreszeiten? Die vier Musketiere? Oder sind es vier alle? Schweigt Brüder. Da fällt mir in diesem Zusammenhang eine Geschichte ein. Ich besuchte neulich einen Freund. Einen Millionär. Der glaubte, der unglücklichste Mensch der Welt zu sein, weil ihm sein Rasierpinsel ins Klo gefallen war. Da nahm ich ihn beiseite und sprach: »Freilich bist du übel dran, daß dir dein Rasierpinsel ins Klo gefallen ist. Aber es gibt Leute, die sind viel schlechter dran als du. Die haben noch nicht einmal einen Bart.« Da fiel es ihm wie Schuppen aus den Haaren. Und sollte nicht auch einer von uns, oder morgen, oder heute, oder vielleicht nicht. Wer weiß.
Schönen guten Abend.

DIE GEMEINEN VERFÜHRER

Werbung – das ist die Verführung zum Kauf. Mit welch unglaublich raffinierten Tricks die Werbeleute dabei vorgehen, zeigt die folgende Analyse eines ganz normalen Werbespots.

In einer modernen, doch anheimelnden Küche. Mutter und Kind sitzen am Eßtisch.

Klasse Einfall!

KIND: Mutti!
MUTTER: Ja, mein Kind?
KIND: Ich mag mein Brechmittel nicht essen!
MUTTER: Was sagst du?
KIND: Ich mag mein Brechmittel nicht essen!
MUTTER: Du magst dein Brechmittel nicht essen? Ich hau ...

VERTRAUENERWECKENDE STIMME: Halt! Warum mag Gabi ihr Brechmittel nicht essen? Kinderpsychologe Dr. Prügelpeitsch meint dazu ... *Sehr gut!*
DR. PRÜGELPEITSCH: Kinder haben es nicht gern, wenn sie jeden Tag das gleiche Brechmittel vorgesetzt bekommen. Sie verlangen nach Abwechslung. Und die gibt es jetzt!

Zu lauter Musik kommt die Produktpackung ins Bild.

Raffiniert!
DR. PRÜGELPEITSCH: Denn jetzt gibt es »Zum Kotzen«! Das neue Brechmittel aus dem Hause Reihermann und Söhne! Geht's um Speien oder Brechen – erstmal mit dem Fachmann sprechen!
Erhältlich in allen Delikatessengeschäften!
Und verlangen Sie nicht irgendein Brechmittel. Verlangen Sie »Zum Kotzen«! Einfach »Zum Kotzen«!
KINDERCHOR: Komm nach Haus ins Reiherland!

Ein hervorragender Werbespot! Zum Kotzen werde ich in Zukunft auch kaufen!

Dr. B. Stechlich (Unterprüfer)
Stimmt! Prof. Otto Waalkes (Oberprüfer)

DIE LEGENDE VOM HEILIGEN HEIN

Es gibt so viele berühmte Heilige – jedes Land hat den seinen: Italien hat den heiligen Franziskus, der den Vögeln predigte, England hat den heiligen Georg, der den Drachen predigte und Frankreich die heilige Johanna, die kein so schönes Ende nahm – ja, die sind alle bekannt und werden überall verehrt ... Was leider weniger bekannt ist, ist daß auch wir in Ostfriesland einen großen Heiligen verehren: den Heiligen Hein.

Viele wundersame Legenden ranken sich um diesen heiligen Mann – und die schönsten, die möchte ich Euch, liebe Brüder und Schwestern, nun erzählen ...

Ich beginne mit der Legende von Heins Berufung. In seiner Jugend nämlich war Hein ein ganz ungestümer und gefürchteter Schlickrutscher. Und als er eben mal wieder höllisch schnell über'n Schlick rutschte, da ertönte plötzlich eine Stimme von oben, die also sprach:
Hein, Du bist berufen – »Hä?« – Hein, Du bist berufen – »Hä??«
Ach, Hein – Du bist behämmert.

Dieses Erlebnis veränderte Heins Leben von Grund auf, und fortan ward er in ganz Ostfriesland »der Nagel Gottes« genannt. Und als solcher wirkte er manches Wunder: Er verwandelte Kirschwasser in Schnaps, Schweine in Brotaufstrich und Strafstöße direkt. Da geschah es, daß die Stimme ein zweites Mal zu ihm sprach:
Hein, würdest Du Dir auch zutrauen, dem Volk eine Predigt zu halten? – »Ich!? Aber immer!«
Und Hein ging und predigte dem Volke; und als er geendigt hatte, fragte er: »Na – wie war ich?«

Tja Hein: Eva hat nicht in die Schlange, sondern Adam hat in den Apfel gebissen – Lots Frau erstarrte nicht zur Salzstange, sondern zur Salzsäule – Moses wurde nicht in einem Baströckchen, sondern in einem Bastkörbchen gefunden, und er brachte seinem Volk nicht zehn Gebisse sondern zehn Gebote – Es heißt auch nicht Fregatte Dora sondern Arche Noah und nicht der barmherzige Bernhardiner sondern der barmherzige Samariter – und zum Schluß sagt man nicht Prost sondern Amen ... aber davon abgesehen war es eine sehr schöne Predigt.

Und so wurde der heilige Hein immer heiliger. Er heilte die Kranken durch Handauflegen und die Nichttänzer durch Plattenauflegen, und er zügelte die Begierden seines Fleisches soweit, daß er zwischen den Mahlzeiten kaum mehr feste Nahrung zu sich nahm. Ja, und sein 50jähriges Einsiedlerjubiläum feierte er nicht bloß im Kreise seiner großen Familie, nein, tausende von friesischen Einsiedlern feierten mit, und da war keiner in Leer, der nicht voll war.

Da geschah es auch, daß die Stimme ein drittes Mal zu ihm sprach:

Hein, gehe hin und sammle 12 Jünger um Dich. – »Mach ich.«

Und schon am nächsten Tag hatte Hein seinen Auftrag erfüllt:

»Hier sind die Zwölf – darf ich vorstellen: Sabine, Elsbeth, Karin, Yvonne, Erna, Susi, Mäuschen ...« Hein, ich sagte Jünger!

DIE MÜNDLICHE FÜHRERSCHEINPRÜFUNG

Sie wollen Ihren Führerschein machen. Ich hätte da noch eine Frage an Sie.

O, eine Frage! Fragt nur zu, denn nur wer fragt, dem wird auf dieser Erden ...

Also. Sie kommen an eine Kreuzung zweier gleichberechtigter Straßen. Von rechts kommt ein Auto. Wer hat die Vorfahrt?

Da kommt ein Auto, sagten Sie? Eins jener Fortbewegungsmittel, die, wie von Geisterhand beflügelt, den Menschen hierhin bald, bald dorthin tragen?

Wer hat die Vorfahrt?

Wer Vorfahrt hat? Welch wunderliche Frage! Weiß ich doch gar nicht, wer in jenem Auto sitzt. Ist es ein Jüngling auf dem Weg zur Liebsten, den Amors Flammenpfeil zur Eile trieb? Dem ließe ich die Vorfahrt gern. Und auch dem Greis, der einmal noch im Leben der Greisin weißes Haar – denn weiß wird's, unser Haar, das in der Jugend in mannigfacher Farbgestalt sich zeigt, in blond, in braun, ja selbst in schwarz …

Herr Bock! Beantworten Sie meine Frage! Da ist eine Kreuzung …

Sieh an! So zieht der Ritter Schar nun wieder fort, der Christen Botschaft kämpfend in die Welt zu tragen? Ein Kreuzzug? Bin ich auch berufen?

Nein! Kreuzung! Zwei Straßen treffen aufeinander …

Zwei Straßen. Und sie treffen aufeinander. O kniet mit mir, dies seltne Glück zu preisen! Denn da, wo man sich trifft, ist auch Begegnung, ist Leben, ist Musik, sind schöne Fraun …

Herr Bock, es reicht! Rechts oder links?

Rechts oder links! Welch große Frage! Vor ihr stand Beckenbauer einst, als er – von Rummenigge angespielt – sich frug, wohin des Leders Rund er flanken sollte. Nach links? Auf Müllers schußgewalt'gen Fuß? Nach rechts? Wo schon das Lockenhaupt des Uli Hoeneß nach dem Ball sich reckte?

Herr Bock: zum letzten Male! Welcher Wagen hat die Vorfahrt?

Welch Wagen! Wie müßig, nutzlos, und dem Augenblick verhaftet solch Frag' mir dünkt. Denn wie der Wagen selber, der, eben noch in bunt lackiertem Bleche, schon morgen rostend auf der Halde ruht, so auch der Mensch! So Sie! So ich! Dann hat's ein Ende mit der Fragerei nach Vorfahrt, Vorfahrt, Vorfahrt!

Herr Bock, Sie sagen es. Ich habe keine Fragen mehr an Sie.

Nein? Keine mehr? Welch frohe Botschaft!

Sie sind durchgefallen.

O! Durchgefallen? Schrecklich Wort. Wie sage ich's dem Vater? Wie der Mutter? Wie der Geschwister siebenköpf'ger Schar?

Raus!

Arschloch.

DAS MÄRCHEN VOM VERZAUBERTEN FÖN

In einer großen Stadt lebte einmal ein fröhliches, junges Mädchen, das hieß Susi Sorglos.
Dieses Mädchen aber hatte wunderschöne Haare, die wusch es jeden Tag, damit sie ordentlich in der Sonne glänzten. Als es nun wieder einmal seine Haare gewaschen hatte und die wunderschönen frischgewaschenen Haare fönte, da hörte es auf einmal eine Stimme, die also sprach:

»Susi!«
»Huch!« sagte da Susi erschreckt. »Wer redet denn da?«

»Ich bin es«, sagte die Stimme, »ich, dein Fön!«
»Mein Fön?!« rief da Susi aus. »Du kannst sprechen, mein Fön?«
»Ja«, entgegnete darauf der Fön, »ich kann sprechen und ich muß sprechen! Schon lange wollte ich es dir sagen: Ich bin verliebt in dich, Susi! Ich liebe dein goldenes Haar. Ich liebe es, wenn die goldene Sonne darauf fällt. Ja – ich liebe dich und dein goldenes Haar!«
»Wie schön, mein Fön!« jauchzte Susi ganz begeistert, doch da hörte sie, wie der Fön auf einmal ganz bekümmert sagte:
»Ach Susi, könntest du mir doch einen einzigen Herzenswunsch erfüllen!«
»Aber lieber Fön, warum denn nicht?« rief da die herzensgute Susi aus. »Welches ist denn dein Wunsch?«
»Ach«, seufzte da der Fön, »küß mich! Küß mich nur ein einziges Mal, dann bin ich gerettet! Ich bin nämlich ein verzauberter Königssohn, und wenn du mich küßt, dann werde ich mich wieder in einen Königssohn zurückverwandeln!«
»Wenn es weiter nichts ist«, sagte Susi und küßte den Fön, daß es nur so eine Art hatte. Doch wie sie ihn zum dritten Male küßte, da – ja, was war das? Da hatte Susi Sorglos auf einmal einen brummenden, schwarzen Rasierapparat in der Hand.
Ja, liebe Kinder, der Fön hatte gelogen. Er war gar kein verzauberter Königssohn, sondern nur ein verzauberter Rasierapparat. Aber das machte der herzensguten Susi Sorglos nichts aus. Sie ließ sich einen Damenbart wachsen, und beide lebten glücklich und zufrieden miteinander bis an ihr seliges Ende.

Und wenn sie nicht gestorben sind, dann rasieren sie sich noch heute.

DAS MÄRCHEN VOM FUCHS UND DEM RABEN

Ein Rabe saß auf einem Baum und wollte sich gerade daran machen, ein schönes großes Stück Käse zu verzehren, das er kurz zuvor gestohlen hatte. Aber vom Duft des Käses angelockt, kam der Fuchs hinzu, stellte sich unter den Baum und überlegte, wie er dem Raben den Käse wegnehmen könne. Schließlich fiel ihm eine List ein und er rief:
»Ach Herr Rabe, entschuldigt dic Störung, aber könntet ihr mir nicht ein wenig von eurem Käse abgeben?«

Der Rabe, der nicht einsehen konnte, was daran wohl listig sei, schüttelte nur den Kopf und behielt den Käse fest im Schnabel. Da verfiel der Fuchs auf eine noch größere List:
»Herr Rabe, ich habe gehört, daß ihr so ein begnadeter Sänger sein sollt. Um ehrlich zu sein, ich kann es nicht recht glauben. Wollt ihr mir nicht eine Kostprobe eurer herrlichen Stimme geben?«
Der Rabe aber wollte nicht und schüttelte den Kopf. Doch der Fuchs ließ nicht locker.

»So ist es also wahr, daß ihr nur ein schauriges Gekrächze von euch geben könnt? Dann stimmt es also gar nicht, daß ihr noch viel schöner singt, als die Nachtigallen? Dann wundert es mich allerdings nicht, daß es kaum jemanden gibt, der euch für einen bedeutenden Sänger hält.«
Dieser Provokation konnte nun selbst der Rabe nicht widerstehen. Er öffnete den Schnabel, ließ den Käse fallen und begann zu singen.

Diesen wunderbaren Gesang hörte ein Musikagent, der gerade des Weges kam. Er engagierte den Raben vom Fleck weg und heute ist dieser Rabe unter dem Namen Peter Alexander in der ganzen Welt berühmt und einer der bedeutendsten Raben überhaupt.

Und die Moral von der Geschichte: Wenn man Gold in der Kehle hat, soll man den Schnabel aufmachen. Und wenn dabei der Käse herausfällt, dann macht das gar nichts, denn der Rabe lebt heute nur noch von dem allerfeinsten Käsesorten, während der Fuchs als Aushilfssänger bei den Neckar-Kosacken durch die Lande tingeln muß.

SCHLIMMER WOHNEN

Verehrte Anwesende, zur Eröffnung der Interschrott, der vierten internationalen Möbelmesse, spricht nun zu Ihnen Ingo Igittigitt, der Chefredakteur der Zeitschrift »Schlimmer wohnen«.

Meine Damen und Herren, verehrte Kollegen. Was bringt die neue Saison? Zunächst einmal: Mut zur Farbe. Der Trend zu schreienden Farben ist out, brüllende Farben sind in.

Das gilt für die ganze Wohnung. Es beginnt im Flur. Dort beißt sich die Tapete in Leukoplastrosa mit dem Läufer in Leberwurstgrau, einer Modefarbe, die dieses Jahr ins leicht Schimmelige spielt.

Dazu passend trägt die Hausfrau ein neues Kostüm aus dem Hause »Wäsche-Widerlich«, das im Katalog »spinatfahl« genannt wird – ich würde es eher als kotzgrün bezeichnen – aber streiten wir uns nicht um Worte, betreten wir nun das Wohnzimmer. Dort wird das Auge zunächst vom Fußboden beleidigt.

Schleimgelb leuchtet die Auslegeware. Darauf ein Sofa in hornhautumbra, brechreizerregend auch die Kissen; hier beweist der geschmacklose Käufer seine individuelle Note, er wählt sie passend zum Zahnbelag.

Führend im Angebot immer noch die Hamburger Dreckzeugpassage, und gleich nebenan, bei »Elektro-Ekel« im Anlagenring, dreht sich auch dem widerstandsfähigsten Lampenverkäufer der Magen um.

Und sagen Sie mir nun bitte nicht, daß nur eine exklusive Minderheit sich einen ausgeprägt schlechten Geschmack leisten kann. Nein!

Ich sprach neulich mit einer einfachen Angeberfamilie. »Müßt Ihr Euch in dieser Umgebung nicht dreimal am Tag übergeben?« fragte ich.
»Ach nein, wir sind eigentlich dauernd am Reihern«, war die übereinstimmende Antwort.

Und ich muß Ihnen gestehen, meine Damen und Herren, im Badezimmer wurde sogar mir schlecht. Ein Traum in Popelgrün!
Ich meine, wir sind auf dem richtigen Weg. Und der Erfolg gibt uns Recht. Wohin wir auch sehen: Zufriedene Arschgesichter, die sich in ihrer sauteuer bezahlten Wohnung herrlich unwohl fühlen.

DIE KRISEN DES MANNES

Meine Damen und Herren.
Forschungen haben ergeben ... aber was rede ich da! Es gibt zwei Geschlechter. Über das eine wissen wir alles; reden wir also über das andere: den Mann.

Sieben Krisen sind es, die er im Laufe seines Lebens durchzustehen hat. Und ohne verständnisvolle Hilfe würde er keine einzige von ihnen meistern.
Da ist zunächst die Pubertätskrise, der Moment, wo der junge Mann einem bisher unbekannten Phänomen gegenübersteht: seine Hosen fühlen sich so feucht an! Da muß ihn nun eine verständnisvolle Mutter zur Seite nehmen und ihm zuraunen: »Junge, es ist etwas Wunderbares in Deinem Leben geschehen; erschrick nicht. Ich habe zum ersten Mal seit 14 Jahren Zeit gefunden, Deine Jeans zu waschen. Vielleicht sind sie noch nicht ganz trocken. Tschüß auch. Ich muß jetzt in den Nachtclub.«
Und dann kommt der Tag, an dem der Mann zum ersten Mal nasse Füße bekommt. Dann sollte ihn der Kapitän zur Seite nehmen und sagen: »Mein Junge, nasse Füße sind in Deinem Alter nichts Ungewöhnliches. Das ist immer so, wenn ein Schiff untergeht.«

Dann kommt der Zeitpunkt, wo der Mann merkt, daß er schon seit längerem verheiratet ist. Dann muß ihn seine Frau zur Seite nehmen und sagen: »So eine Krise ist ganz normal bei einem Mann, der bereits das 25. Lebensjahr erreicht hat. Das ist der Zeitpunkt, an dem er sich vom aktiven Geschlechtsleben zurückzieht und sich zum Alkoholiker umschulen läßt. Nimm nur Direktor Dussel. Einst war er der schlimmste Rammler im Eckernweg: heute ist er Chefalkoholiker der größten Nervenheilanstalt. Und ich könnte Dir viele Beispiele nennen. Wenn ich nur welche wüßte.«

Und dann kommt die erste Glaubenskrise im Leben des Mannes. Wenn er nämlich mit seinen Kumpels vor der Kneipe steht und sagt: »Ich glaube, hier kriegen wir nix mehr zu trinken.« Dann sollte ihn der Pfarrer beiseite nehmen und sagen: »Wollen wir nicht noch ein bißchen bei mir weitertrinken?«

Und dann kommt der Tag, wo ihm alles so sinnlos erscheint, was er macht, und so ausweglos. Da muß ihn der Gefängniswärter beiseite nehmen und sagen: »Schau, es muß auch jemanden geben, der Tüten klebt in der Welt, sonst müßten ja die Leute den Zucker in den Händen nach Hause tragen.«

Und der Mann wird älter und älter, und dann kommt einmal der Tag, an dem er vorm Spiegel steht und an seiner Schönheit zweifelt. Dann muß ihn sein alter Vater beiseite nehmen und sagen: »Mein Junge, Du bist breit gewachsen, feist und schön. Schön bist Du. Schön doof.«

RICHTER AHRENS UND DER FALL DES ANGESÄGTEN MASTES

Richter: Angeklagter, Ihnen wird zur Last gelegt,
Sie hätten an dem Mast gesägt.

Angeklagter: Ich hab nicht an dem Mast gesägt,
ich hab nur mit dem Ast gefegt.

Richter: Und dabei hat's Sie fast geschrägt?

Angeklagter: Jawohl, als ich den Quast verlegt,
da hab ich mich mit Hast bewegt,
und das hat wohl den Gast erregt,
und der hat dann den Mast zerlegt.

Richter: Sie haben aber bei der polizeilichen Vernehmung ganz andere Angaben gemacht. Ich zitiere wörtlich:

Ich habe diesen Gast zersägt,
weil er sich auf den Quast gelegt,
dabei hat sich ein Ast bewegt,
vielleicht durch meine Hast erregt.
Doch wer gefälschten Zaster prägt,
und Schuh' aus Alabaster trägt,
wer alle diese Laster pflegt,
verdient, daß ihn der Mast erschlägt.
Das haben Sie doch in der Vernehmung gesagt. Herr Zeuge, können Sie diesen Hergang bestätigen?

Zeuge: Nein, das war ganz anders. Das war so:
Ich hatte mich zur Rast gelegt
und mich mit einem Quast gepflegt.

Richter: Das tut doch gar nichts zur Sache!

Zeuge: Oh doch!
Ich hatte mich zur Rast gelegt
und mich mit meinem Quast gepflegt.
Denn wer schon einmal Bast zersägt,
weiß, daß das keine Hast verträgt.

Richter: Aber das spielt doch nun überhaupt keine Rolle!

Zeuge: Doch.
Da hat sich's im Morast geregt,
und das hat wohl den Mast bewegt.
Und wie der Mast aufs Pflaster schlägt,
da hat er wohl den Gast erlegt.

Richter: Jetzt bin ich aber fast erregt.
Womit wird denn nun das belegt?

Verteidiger: Aber Herr Richter, wenn ich als Verteidiger mal etwas dazu sagen darf:
Der Mann ist ein Phantast, der pflegt,
sobald er sich zur Rast gelegt,
zu schrei'n, daß ihn der Mast erschlägt.
Aber zurück zu meinem Mandanten:
Was wird ihm denn zur Last gelegt?
Wenn man in sich das Laster trägt,
und sich der Wunsch nach Zaster regt,
kommt's vor, daß man den Gast erschlägt,
und ihn dann auf das Pflaster legt.

Richter: Das genügt, die Beweisaufnahme ist abgeschlossen. Im Namen des Volkes:

Wenn einer einen Mast zersägt,
weil ihn ein Gymnasiast erregt,
der vor seinem Palast gefegt,
dann wird die Tat mit Knast belegt.
Doch wenn er als Kontrast erwägt,
daß er sein Geld zum Paster trägt,
der auch den Wunsch nach Zaster hegt,
wird ihm das nicht zur Last gelegt.
Stattdessen wird der Mast zersägt
und auf das Grab vom Gast gelegt.
Wem dieser Spruch nicht paßt,
der trägt die Kosten des Verfahrens.
Gezeichnet: Richter Ahrens.

OLAF SCHUBERT

WIE ICH DIE WELT RETTEN WÜRDE, WENN ICH ZEIT DAFÜR HÄTTE

VOM ERWACHEN, AUFSTEHEN UND PLANEN DES TAGES

Und es geschah wie schon so oft in meinem Leben: Ein neuer Tag stand vor der Tür. Eigentlich mehr als das, denn mit einem Bein war er schon eingetreten, zeigte die Uhr doch halb elf. Noch im Schlaf beschloss ich, dass somit Zeit sei, aufzuwachen. Gedacht – getan! Ich erwachte, indem ich einfach aufhörte, zu schlafen. Schonend gewöhnte ich nun mein sanftes Gemüt an die um mich herrschende Realität, indem ich nacheinander meine Augen öffnete. Was ich sah, überraschte mich nicht.
Wie immer lag ich souverän im Raum, unweit meines Bettes. Blickkontakt zu meinem Bett ist mir wichtig, da ich sonst zu unruhigem Schlaf tendiere. Auch alles andere, was sonst noch als Umgebung rumstand, fand ich unverändert vor. Alles war wie gestern Abend, nur später. Das Jahr befand sich mitten im April, draußen stampfte Gevatter Lenz tatendurstig durch die Primeln.

Diese Schilderung des Zustands der Natur ist selbstverständlich nur als Metapher zu verstehen, als sprachliches Bild, das ich mit Buchstaben gezeichnet habe. Es drückt aus, dass der Frühling sich nicht nur kalendarisch, sondern tatsächlich anschickte, seine Geschwisterjahreszeit, den Winter, mit Stumpf und Stiel vom Hof zu jagen. Sicher ist es ungewöhnlich, gleich zu Beginn eines Buches solch einen anspruchsvollen, semantischen Kunstgriff einzuarbeiten. Ich möchte aber Dich, lieber Leser, von Anfang an wissen lassen, auf welchem Level bei mir die geistige Latte erigiert.

Draußen tollten also meine gefiederten Freunde, die Schnäblinge, und zwitscherten vergnügt im Astwerk eines Holderstrauchs. Vom logistischen Brimbamborium des Frühlings beflügelt, entschloss ich mich, ebenfalls aktiv zu werden: Ein kurzer Check meiner inneren Organe zeigte mir, dass ich auf physio-endohygienischer Ebene keine Dissonanzen zu befürchten hatte.

Diese morgendliche, innerkörperliche Visite ist obligates Ritual, um die Schar glibbriger Murkelmasse, mit der ich schwanger gehe, wieder in den Dienst zu stellen. Während der REM-Phase zu nachtschlafender Zeit, da mag ein jedes Eingeweide tun, was ihm beliebt. Doch bei Tage bin ich der Chef in mir! Daran lasse ich auch keinen Zweifel. Eine vorlaute Milz, eine faule Galle oder eine launische Leber kann ich mir nicht leisten. Sie hätten sich ja einen anderen Wirt aussuchen können – irgendeinen dem Schlendrian zugeneigten Gelegenheits-Ronny! Bei mir – also im Olaf – herrschen Subordination und Ordnung!

Und außen? Da natürlich auch! Meine äußeren Wesensmerkmale sind genauso von Belang wie meine inneren, deshalb stand als Erstes die unverzichtbare Morgenwaschung an:

Einst verguß ich meinen Morgenwusch,
war unwohl und beklommen drum –
und das auch noch auf Usedom!

Nachdem ich zu Beginn dieses Buches bereits mit ungewöhnlich literarischen Stilmitteln überrascht habe, werde ich jetzt noch einen draufsetzen und Dir, Leser, den ersten wertvollen Schubert'schen Tipp geben:

TIPP
Die morgendliche Wäsche am besten so früh wie möglich und mit Wasser absolvieren! Dann verbindet sich mit dem reinigenden auch noch der erfrischende Aspekt.

Das war nur der erste der zahlreichen Tipps, die ich Dir im Laufe dieses Buches geben werde. Du wirst erfreut feststellen, dass ich mein Wissen auf einer praxisnahen, spielerischen Ebene vermittele. Der »Mensch-das-probier-ich-gleich-mal-aus!«-Impuls soll in Dir aufkommen. Und solltest Du es nicht abwarten können, lege das Buch kurz beiseite, um meinen ersten Kniff sofort in der Praxis anzuwenden.

Doch nun zurück zum Eigentlichen.
Oft werde ich gefragt: »Olaf, ist die Äußerlichkeit eines Individuums tatsächlich ebenso wichtig wie die innere Wertigkeit?« Jedem so Fragenden entgegne ich dann immer: »Der ästhetisch dargereichte Leib ist Hausnummer und Türschild, an welches unsere Mitwelt anklopft. Nachlass im Mühen um die Pflege desselben führt zu Isolanz vom reinlichen Restvolk. Und da sich die Mehrheit stets in der

Überzahl befindet, bringt's nur Verdruss mit sich. Bedauerlich und beprangernswert allerdings ist die nur auf Äußerlichkeiten fixierte Wahrnehmungsfokussierung unserer Gesellschaft. Eine ausschließlich auf billige Reize, auf Trug und Schein konditionierte Optomanie!« Kaum ziert einer seinen Kopf mit einem mutigen Hut oder schmückt sich anderweitig mit energischem Accessoire – schon denkt man: Ahhh, beziehungsweise Ohoho! Doch ist nicht die äußere Form nur der Behälter für den Inhalt, also Bottich für die Seele? Wie spricht der Volksmund doch so schön?

»Rotkraut bleibt Rotkraut – egal,
in welche Schale man es gibt!«

Dies bedeutet: Der Eimer ist nur Mittel zum Gefäß! Überhaupt sei an dieser Stelle eingefügt, dass mich seit Olafgedenken ein besonders inniges Verhältnis mit dem Eimer verbindet. Ja, fast ein Fetisch war er stets für mich. Man verstehe mich nicht miss, ich weiß sehr wohl: Nur Materie ist der Eimer, er geht den Weg des Irdischen und wird zu Staub! Trotzdem habe ich an einige wichtige Eimer noch klare Erinnerungen, vielleicht, weil sie mir in einer speziellen Lebensphase bedeutsam wurden, mich veränderten oder Geschenke von guten Freunden waren. Kurz gesagt: Der Eimer ist mein Lieblingsgegenstand. (Auf Platz drei folgt übrigens direkt der Drehknopf, was daran liegt, dass ich keinen zweitliebsten Lieblingsgegenstand habe. Anderen möge das komisch erscheinen, mich stört es nicht. Ich bin, wie ich bin!)

Du wirst es bemerkt haben, geschätzter Leser: Ich wich ab vom Pfade des eigentlich zu Erzählenden. Über Hygiene am Morgen wollte ich berichten, doch der Rahmen war zu knapp bemessen, engte mich ein und – rummsbumms! – da hab ich ihn gesprengt. Tja, so bin ich eben auch. Und

ich sage gleich: Solches wird noch öfter im Laufe dieses Buches geschehen. Ich lasse mich nicht pressen – in festgefügte Schemata oder Schabloni, wie es andre Schreiberlinge tun! Ich zerdriesele das Korsett eines stringent abgewickelten Plots, der gefühllos und gewinnspekulativ per Tastatur in den Computer gedrückt wird. Kalt und digital? Nein! Ich, Olaf Schubert, schreibe noch analog, so dass der rote Faden frei und spontan, die Farbe wechselnd, vom Wind des Autoren gebläht, ungebremst durch meine Erzählungen mäandern darf. Der Bäcker schreibt nur über Brot, der Schuster schreibt nur über Schuhe, der Schreiber schreibt nur über Schrift, der Schubert aber, der schreibt über Sämtliches! Wisse, Leser, dass dies zu Deinem Vorteil geschieht, denn so erfährst Du vieles von allem.
Zum Beispiel auch, dass ich nun beabsichtigte, zum Bade zu schreiten. Ich richtete mich auf. Keinem, der mir dabei hätte zusehen können und nur einen Funken Sachverstand besäße, wäre entgangen, dass in meinem Körper fünf Millionen Jahre geballter Evolution stecken und dort mehr als nur gut aufgehoben sind.

Kurz genoss ich den aufrechten Gang, hielt dann inne und verbeugte mich mental vor meinen Vorfahren, bin ich doch einer der wenigen, die wissen, welche Dankbarkeit wir ihnen entgegenzubringen haben. Wäre der *Homo Sapiens* damals in der Steinzeit von ähnlicher Bequemlichkeit gewesen – wie der *Homo Heute* in der jetzigen Plastezeit –, wohl kaum wäre uns die Behändheit und aufrichtige Zweibeinigkeit zuteil geworden! Noch immer säßen wir auf allen vieren in unserer Doppelhöhlenhälfte dröge auf dem Mammutfell und spielten »Urmensch, ärgere dich nicht!«.

Ich striff also meinen Waschpullunder über, ging nach links in die Diele, vorbei am Musikzimmer und durchquerte den angrenzenden Wintergarten, der den Nichtrauchersalon mit der Gästetoilette verbindet. (Andere Menschen würden anstatt »verbindet« wohl eher den Terminus »trennt« verwenden, mir aber steht das Gemeinsame, Vereinende näher als das Abgrenzende.) Dann wandte ich mich halbrechts in Richtung Schreibkammer, ließ das Spiegelkabinett links liegen, schritt am Proberaum entlang, erklomm die Stufe zum Flur, passierte die Ankleide, nahm den Fahrstuhl zum Ballettsaal, von dort ging's durch das Kaminzimmer zum Blauen Salon, der rechts vom Grünen Gewölbe, oberhalb des Billardzimmers in einer Nische hinter den Konferenzräumen liegt, und angelangte nun am Bade.

Bewusst sind hier einige Leerzeilen eingebaut.

»Warum?«, fragst Du Dich?

Nun ...

... sie sollten Dich stutzig machen!
Und jetzt, da der Stutz über Dich gekommen ist, wirst Du hoffentlich bemerken: Diese Wegbeschreibung war natürlich gedunsenen Ausmaßes. Wer wirklich gläubte, ich wöhnte in einem solchen Tempel des Überflusses, der lege dieses Buch getrost beiseite, denn er lässt sich allzu leicht auf falsche Fährte locken. (Dieser Abschnitt war nur zur Überprüfung Deiner Aufmerksamkeit gedacht. In Tatsächlichkeit lebe ich in einem kleinen, intimen, ziegelnen Gesims mit wenig Schnick und keinem Schnack.)

Der tatsächliche Weg zur Nasszelle war also schnell gegangen, ich putzte mir dort diesen oder jenen Zahn, ordnete den Scheitel und schon waren alle relevanten Tätigkeiten absolviert.

TIPP

Für die Anfänger unter meinen Lesern liste ich die ersten morgendlichen Aufgaben noch einmal auf, die ich hier aus Gründen der Vereinfachung zum AOAK-Algorithmus zusammengefasst habe:

- Aufwachen
- Aufstehen
- Orten
- Körperpflege

Wenn man diese vier Punkte sorgsam abarbeitet, steht einem erfolgreichen Tag nichts mehr im Wege.

Also, war doch gar nicht so schwer, oder? Und nun, da wir gemeinsam die ersten Schritte in die richtige Richtung getan haben, wenden wir uns dem nächsten bedeutsamen Abschnitt zu: der Planungsphase.

Um uns in die Materie einzufühlen, möchte ich Dir einen Text aus einem meiner frühen Lieder mit dem Titel »Stundenlauf« vorstellen, das ich auf meiner ersten Demotape-Kassettenproduktion (leider vergriffen – nicht mehr lieferbar) veröffentlichte. Ich sang damals:

Die Zeit ist ein roher Diamant,
wir Menschen schleifen ihn klein,
dann werden Tage Smaragde sein
und Stunden funkelnde Rubine.
Oft aber sind nur wenige Sekunden,
gefasst in liebevolle Hülle,
die edelsten Juwelen!
Refrain: Fünf sind geladen,
zehn sind gekommen,
gieß Wasser zur Suppe,
heiß alle willkommen!

Klar, dieser Song hat schon ein paar Jahre auf dem Buckel – wie wir Singer und Songwriter zu sagen pflegen –, und doch hat er bis heute nichts von seiner inhaltlichen Wucht eingebüßt. Da ich die Lyrics bereits damals echt stark fand, habe ich dieses Werk nur mit schlichter Gitarrenbegleitung aufgenommen. Ich hatte zwar ein fertiges Orchesterarrangement in der Schublade, doch diese Ballade brauchte keinen künstlichen Pomp oder säuselnden Zuckerguss. Obendrein war es schon damals anstrengend, die arroganten Orchesterbosse von der Qualität meiner Werke zu überzeugen und sie für lediglich ein paar Stunden Studioarbeit zu gewinnen. Vor lauter Blindheit, Eitelkeit und Visionslosigkeit suhlten sie sich lieber in den Klangpfützen der ewig gleichen Klassiker, anstatt mit mir über den Ozean der musikalischen Unendlichkeit zu segeln. Sei's drum! Meine Aufnahme wurde nicht nur im Verwandten- und Bekanntenkreis euphorisch aufgenommen.

Nach diesem kleinen Exkurs in die Musikgeschichte nun zurück zum Thema.
Um meinen Tag zu planen, wendete ich auch an diesem Morgen ein schon oft bewährtes Verfahren an: Ich kippte meinen Aufgabenzettel, meinen Terminkalender, meine Bedürfnisse und Erwartungen, also den kompletten Zerebralbeutel, auf den geistigen Gedankentisch – mit Vorsicht, damit nur nichts hinunterfalle und womöglich in Vergessenheit geräte. Alsdann machte ich mich daran, alles Anstehende zu ordnen. Viel war zu tun. Nicht nur tägliche Standardaufgaben waren zu verrichten, wie Protest-Noten verfassen, herrschenden Politikern im Weg stehen, Freunde und Bekannte agitieren oder Müll vermeiden. Daneben stehen jeden Tag weitere bedeutungsvolle Herausforderungen auf meiner To-do-Liste. (Eigentlich finde ich **Anglizismen** (vgl. Hintergrundinfo) ebenso wie Abkürzungen

nicht OK und setze sie wirklich nur ein, wenn sich ein inhaltlicher und semantischer Schulterschluss erschließt.) Diese ergeben sich zum Beispiel aus der Bewältigung unversehens im Beziehungstumult auftretenden zwischenmenschlichen Zanks. Meine langjährige Freundin Carola sei hier erwähnt, auf die wir im Laufe des Buches noch zu sprechen kommen müssen.

Hintergrundinfo

Anglizismen

Die englische Sprache hat im Laufe der Jahrhunderte fast die gesamte Welt unterwandert. Mittlerweile ist Englisch (im Gegensatz zur deutschen Sprache) bis nach Bayern vorgedrungen und scheint heutzutage genauso wichtig zu sein wie das Holz beim Schnitzen. Besonders drastisch erleben wir die Hegemonie des Englischen in der modernen Popmusik. Auf den Bühnen der Welt kommuniziert man auf Englisch, hinter der Bühne allerdings auch auf Französisch. Unsere germanische Muttersprache allerdings bleibt immer mehr auf der Strecke, und dies verurteile ich vehementest! Urdeutsche, poetische Begriffe wie

- Frühlingserwachen
- Notschlachtung
- Bronchialkatarrh

drohen, in Vergessenheit zu geraten. Deswegen bitte ich all meine Leser:

Lasst uns für unsere Muttersprache kämpfen – und zwar all together!

Zusätzlich brauchte ich zeitlichen Raum, um mich spontan gegen plötzlich auftretendes Unrecht erheben zu können. Was mich da von meinem Aufgabenzettel flehend anschaute, war also ein ganzer Klafter Holz. Nicht nur vor, sondern auch neben und vor allem hinter der Hütte. Doch außer eben jenem Holz galt es noch andere Materialien wie Plaste, PVC, Stein oder Verbundstoff zu behauen, und wer diese kennt, der kann ermessen, welch Herkulesarbeit es ist, dieses Konvolut von Aufgaben in das schmale Korsett eines 24-Stunden-Tages zu zwängen. Doch Leistungsdruck motiviert mich. (Ich lasse es hier unerwähnt, dass der klassische 24-Stunden-Tag für mich oft zu kurz ist, weshalb ich an vielen Tagen freiwillig zwei, drei Überstunden dranhänge, um mein tägliches Pensum zu bewältigen.)

Während Du all diese doch eher allgemeinen Ausführungen lasest, ratterten derweil unbemerkt die Synapsen mir im Hirn, koordinierten und dispatchten, bis der komplette Tagesplan auf meiner Schädelplatte lag.
Was genau an jenem Tage geschehen söllt, verrat ich hier natürlich keinesfalls mitnichten! Vielmehr will ich Deine Neugierde nähren, um Dich im Laufe dieses Buches mit unvorhersehbaren Geniestreichen zu überraschen.

Nur so viel sei verraten: An diesem Morgen hatte ich mir zunächst ein halbstündiges Zeitfenster geöffnet, über welches ich beliebig verfügen konnte. Mal sehen, dachte ich, was diese Freizeit mit mir macht! Wohin würde sie mich leiten? Zur kreativen Tat oder zum kontemplativen Innehalt? Gespannt wartete ich, was ich nun als Nächstes tun würde.
Da fiel mein Blick auf ein Foto, das ich auf einer meiner zahlreichen Wanderungen in der Hohen Tatra aufgenommen hatte. Ich erlabte mich nicht nur an der künstlerischen Qualität dieser fotografischen Arbeit. Auch die da-

rauf abgebildeten, unendlich wirkenden Gebirgsketten weiteten mir die Seele. Wie schön ist doch die Welt, dachte ich und ließ mein Auge äsen. Aber leider noch nicht schön genug!, fiel mir der innere Olaf sofort in die Sinniererei. Denn obwohl sie rund ist, unsere Erde, hat sie noch zu viele Ecken und Kanten! Diese gilt es, weich zu schmirgeln. Und ich bin Bremsbacke und Schleifstein, der dem banal sich drehendem Mühlrad des Planeten den nötigen Widerstand entgegenbringt.

Draußen, die große weite Welt: Das ist genau deine Baustelle, Olaf, sagte ich zu mir – und hatte recht damit. Denn hier in meinem Wohngeviert, da war alles gut bestellt. Es gab System und klare Ordnung!
Ach, dachte ich mich hinsetzend und schnippte einen einsamen Brotkrümel vom Tisch. Würden die Mächtigen dieser Erde nur einen Moment beiseitetreten und ließen mich die große Welt so organisieren wie ich's in meiner Wohnung tu! Es wär' so vieles gewonnen für die Menschheit! Doch bockbeinig und widerborstig verhalten sich die sogenannten Experten, wenn ich ihnen meine sicherlich oft unkonventionellen, dafür aber umso effektiveren Lösungsvorschläge präsentiere!
Du als Lesender wirst Dich unvoreingenommen von der Qualität meiner Konzepte überzeugen können, denn ich stelle Dir jetzt und hier bisher noch unveröffentlichtes, praktisch nutzbares, geistiges Eigentum exklusiv und unentgeltlich* zur Verfügung.

1. In meiner Wohnung gibt es zum Beispiel keine Energieprobleme. Da ich fast alle elektrischen Geräte mit

* Übrigens: außer dem Preis, den Du beim Kauf des Buches hoffentlich entrichtet hast (!), fallen im gesamten Band keine weiteren Kosten an – das hab ich beim Verlag für meine Leser gegen viele Widerstände durchsetzen können.

Akkus betreibe, verbrauche ich so gut wie keinen Strom mehr. Sollte ich außerplanmäßig zu externem Energieverbrauch gezwungen werden, nutze ich ausschließlich Windstrom. Dadurch zieht es zwar etwas aus der Steckdose, dies nehme ich allerdings in Kauf.

2. Meinen Müll erzeuge ich in liebevoller Handarbeit selbst und verwende zu dessen Herstellung ausschließlich natürliche Rohstoffe wie beispielsweise Holz oder Tapir-Dung. Bei der Müllverwertung gehe ich äußerst umsichtig vor und habe mir angewöhnt, meinen kostbaren Atommüll getrennt zu entsorgen.

3. Den Hunger habe ich in meiner Wohnung endgültig abgeschafft. Zwar ernähre ich mich meinem Wesen entsprechend fast ausschließlich auf hochmolekularfeinstofflich-ätherischer Basis, doch gehe ich stets zur rechten Zeit zum Krämer und erwerbe Waren des täglichen Bedarfs. Auch sind meine Lager stets mit Naschwerk gut gefüllt, um im Sonderfall (S) nicht auf dem Trockenen (T) zu schwimmen beziehungsweise »auf dem Nassen zu sitzen«, wie es neuerdings heißt.

Wohl bin ich wissend: Manchen meiner Ideen haftet der Makel des Pauschalen an, denn sämtliche Probleme der Welt sind so einfach nicht zu lösen. Niemandem ist dies klarer als mir, doch wie gesagt: Ich allein vermag die Last der Probleme hier auf Erden nicht zu stemmen, ich kann nur partielle Anregungen geben. Umsetzen müssen sie andere und hier bist auch Du, Leser, in der Pflicht.

Die halbe Stunde Freizeit des Tages war mit diesen Gedanken als Ergebnis auf der Habenseite mehr als gut genutzt verstrichen. Nun schickte ich mich an, eine am Vortag begonnene Arbeit fortzuführen. Diese bestand in der Auseinandersetzung mit dem Problem, meine Lebensphilosophie praktisch und ressourcenschonend in den Alltag zu integrieren. Dazu muss man wissen, dass ich ein vom Wesen offener Mensch bin – offen für die Probleme, Träume und Sorgen anderer. Diese Lebenseinstellung unterstreiche ich, indem ich auch die Türen meiner Klause im wahrsten Sinne des Wortes ständig geöffnet halte – offen für Menschen, Ideen und Energien.

Der kleinkariert Nörgelnde wird schon mit dem Hufe scharren, um heischend einzuwerfen: »Geöffnete Türen verschwenden doch wertvolle Energie! Wärme entweicht, unnötige Heizleistung muss erbracht werden!« Das mag sogar sein, ich aber sage: Ich möchte eine freiwillige Wärme in meinem Wohnbereich, ich will sie nicht eingemauert und geknechtet wissen. Falls es ihr jedoch nicht behagt bei mir, ja dann soll sie getrost von dannen hasten! Allerdings bin ich überzeugt, dass sie sich wohlfühlt hier bei mir, die Wärme, und immer meine Nähe suchen wird – egal ob Türen offen stehen, ob es kalt, spät oder dunkel ist. Sicherlich hält diese Überzeugung den modernsten physikalischen Erkenntnissen unserer Zeit nicht stand. Das jedoch ficht mich nicht an, denn was ist schon Physik? Mein Motto lautet:

Physik ist falsch – Biologie stimmt!

Warum? Ganz einfach, man beobachte nur eine Blume: Sie wächst, sie lebt, entwickelt sich. Und wie sieht es mit einem Stück Aluminium* aus?

---

* An dieser Stelle möchte ich an die geknechteten, mazedonischen Aluschmiede erinnern, die seit Jahrhunderten unter unmenschlichen Bedingungen die gewaltigen Aluminiumblöcke zu Alufolie verarbeiten müssen!

Da tut sich nix – es liegt da oder fällt um. Beweis erbracht! Möglicherweise gibt es auch Argumente, die für die Physik sprechen. Aber, frage ich erneut, was sind schon Argumente? Nichts weiter als überbewertete Fakten. Ich bin jedenfalls nicht der Typ, der sich von Argumenten überzeugen lässt!
Mitnichten rücke ich von meiner Haltung ab – im intellektuellen Raum will ich ein geodätischer Festpunkt sein.

Nun galt es aber, den Gedanken des Wärmeverbleibs weiterzuspinnen.
Ich erhob mich, öffnete den Kühlschrank, erblickte ein Stück Butter, spürte die Kälte, schloss die Tür, nahm wieder Platz, strich mir den Scheitel breit, lief zum Fenster, sinnierte, blickte aufs Außenthermometer, las die Temperatur, folgerte Schluss, hetzte geschwind zurück zum Tisch und schrieb:

Mufrum glabbt Striegl, pallpa neblo iggtegirr –
bombsch gen sundevit foron, obla frigidus. *

(Ich habe mir angewöhnt, meine wichtigen Gedanken verschlüsselt zu notieren, damit diese nicht missbräuchlich zum Bau von Massenvernichtungswaffen verwendet werden können. Aus Gründen der Verständlichkeit werde ich weitere Notizen nunmehr uncodiert wiedergeben.)

Ich war sicher: Der geöffnete Kühlschrank würde keinerlei Einfluss auf das Klima haben. Also notierte ich die Außentemperatur (zirka 19,52 Grad) und nahm mir vor, im Tagesverlauf eine Vergleichsmessung durchzuführen.

---

* Die Annahme, dass jeder Mensch seinen Kühlschrank nur täglich für zehn Minuten öffnen müsse, um die Globaltemperatur zu senken, ist falsch!

Sicherheitshalber schraubte ich die Kühlschranktür komplett ab, setzte mich wieder und sah, dass mein Werk gut war. Zufrieden registrierte ich den ersten zählbaren Erfolg des Tages. Dieser war übrigens ein dreifacher, denn erstens widerlegte ich im Handstreich einen weitverbreiteten Irrglauben, zweitens hatte ich mit der geöffneten Kühlschranktür erneut eine Barriere innerhalb meiner Wohnung niedergerissen, und drittens ist ein offener Kühlschrank natürlich ein zuverlässiger Garant gegen eine weitere Geißel der Menschheit: harte Butter.

TIPP

- Wer trotzdem ein Problem mit harter Butter hat, der benutze ein Kissen – das ist weicher. Und weil wir einmal dabei sind, gleich noch ein wichtiger Haushalts-Tipp hinterher:
- Teeflecke lassen sich vermeiden, indem man Kaffee trinkt.

Bevor Du aber nun in tosender Faktenflut versinkst, schlage ich vor, die Lektüre für einige Minuten auszusetzen, um das vermittelte Wissen in Ruhe verarbeiten zu können.

SASCHA KORF

WER ZULETZT LACHT, DENKT ZU LANGSAM. HEUTE SCHON ANTWORTEN, WAS IHNEN MORGEN ERST EINFÄLLT

DEN ALLTAG NUTZEN UND IHM ENTKOMMEN

Tja, wer kennt ihn nicht? Unseren ständigen Begleiter. Unseren heimlichen Partner. Der allseits bekannte Alltag. Morgens raus! Schnell einen Kaffee, Tee, Milch oder was immer Sie brauchen, um morgens aus der Hufe zu kommen. Vielleicht noch ein Brötchen, Brot oder einen Joghurt, je nach Gusto. Und auf geht's ins Büro, auf die Baustelle, in den Betrieb, in die Bäckerei oder zu all den anderen Betätigungsfeldern, die nicht mit B beginnen. Viele bleiben ja auch zu Hause. Sie halten das Heim in Schuss, und, falls Nachwuchs durch die eigenen vier Wände geistert, bemühen sie sich, diesen möglichst problemlos durch die Pubertät zu bringen. Am Abend wird gegessen, ferngesehen und danach ins Bett gegangen. Der nächste Morgen, der übernächste Tag und die nächste Woche bringen wenig Veränderung dieser Routine. Ganz zu schweigen vom nächsten Monat, Jahr und Jahrzehnt. Klingt öde?

Ich möchte damit nicht sagen, dass der Alltag unser Feind ist, den es zu bekämpfen gilt. Außer, dass er oft ein wenig langweilig ist, gibt der Alltag uns nämlich auch Schutz. Er ist wie ein wärmender Mantel, den wir nur ungern ablegen. Oh, Entschuldigung, liebe Leser. Diese Metapher könnte ja glatt aus einem dieser Weltverbesserungsbücher stammen, in denen Autorinnen in gebatikten Röcken nützliche Tipps zur Glücksmaximierung feilbieten. In diese Riege der Schreiber für eine bessere Welt möchte ich mich natürlich nicht einreihen.
Also werde ich spontan die Kurve kriegen, um Ihnen zu verdeutlichen, warum ich den Alltag eigentlich gerne mag.

Lassen Sie mich meinen Alltag dazu erst einmal beschreiben: Ich stehe gegen zehn Uhr auf (ein absolutes Privileg, das ist mir klar). Dann gibt's erst mal Kaffee und zwei Scheiben Toast. Eine mit Wurst (Sorte völlig egal) und eine mit Käse (immer Gouda, seit Jahren). Ich lese dabei drei Zeitungen. Nein! Ich möchte mich jetzt nicht zu einem intellektuellen, stets nach tagesaktuellen Neuigkeiten dürstenden Objekt emporschreiben. Es ist einfach mein Frühstücksritual. Und wenn Sie wüssten, *welche* Zeitungen ich lese, dann würden Sie mir das sowieso nicht unterstellen. Also weiter. Meist treffe ich nach dem Frühstück Freunde, gehe zur Probe und bereite mich im Normalfall (gute Auftragslage vorausgesetzt) auf einen abendlichen Auftritt vor. Dann ab in die Deutsche Bahn (die für ihre Spontaneität ja legendär ist), und flott zum Auftrittsort.

Diese Rituale geben mir Ruhe für Situationen, die spontanes Handeln erfordern. Je mehr man davon hat, desto wichtiger ist der Alltag als Sicherheitszone, in der man sich einfach fallen lassen und wohlfühlen kann. Da ich in meinem Beruf genug Spontaneität aufbringe, würde ich wohl verrückt werden, wenn es die Routine in meinem Leben nicht auch gäbe.

Wenn ich eine Weile nicht spontan sein kann, wird mir allerdings langweilig, und dann breche ich aus. Aus der Routine, meine ich. Wenn Sie auch im Alltag festgefahren sind und keinerlei Möglichkeit haben, spontan zu handeln, dann benutzen Sie den Alltag zum Improvisieren. Mit ihm können Sie spielend üben, spontan zu sein, ohne sich allzu sehr aus der sicheren Zone herauszubewegen. Spielen Sie doch mal Alltagsmixer.

DER ALLTAGSMIXER

Es geht ganz einfach, Sie werden sehen. Nehmen Sie einen Stift und schreiben Sie zunächst mal in einer Minute Ihren Alltag auf. Seien Sie ruhig ehrlich, denn Sie werden aller Wahrscheinlichkeit nach die einzige Person sein, die das liest, und es hat keinen großen Zweck, in die Welt hinauszuposaunen, dass Sie jeden Morgen Rohkost essen und erst mal dreißig Minuten joggen, bevor Sie zur Arbeit gehen wie ein fleißiges Eichhörnchen, wenn das gar nicht den Tatsachen entspricht. Denken Sie gut darüber nach und notieren Sie hier zehn Sachen, die in Ihrem Tagesablauf immer gleich sind:

1. ______________________________
2. ______________________________
3. ______________________________
4. ______________________________
5. ______________________________
6. ______________________________
7. ______________________________
8. ______________________________
9. ______________________________
10. ______________________________

Vielen Dank, dass Sie sich die Mühe gemacht haben. Nachdem Ihr Alltag nun gesichert ist, müssen Sie lernen, daraus dann und wann auszubrechen. Nicht nur, um bei der ganzen Routine nicht einzuschlafen, sondern auch, weil es erst dann Spaß macht, vom Muster abzuweichen, wenn man selbiges kennt. Sie kennen Ihr Muster jetzt. Weichen Sie ab!

Bei allem Flehen Ihrerseits war die Alltagsliste nur ein kleiner Teil der Aufgabe. Ihr Kernteil besteht darin, dass Sie ab morgen für die nächsten zehn Tage jeweils einen Punkt von Ihrem festgesetzten Ablauf verändern. Es können kleine Sachen sein: Statt Marmelade mal Gelee zu essen. Oder nicht mit dem Fahrrad zur Arbeit zu fahren, sondern mit der Bahn. In diesem Fall übernehme ich als Autor allerdings keine Haftung für Verspätungen, die zu fristlosen Kündigungen führen. Wichtig dabei ist, dass die Entscheidung, etwas zu verändern, direkt vor dem jeweiligen Punkt in Ihrer Alltagsliste erfolgt. Erst dann kommt der Alltagsmixer richtig in Gang. Wenn Sie jeden Morgen um zehn Uhr bügeln, stellen Sie sich um zehn Uhr vor Ihr Bügelbrett und überlegen:
»Müssen Socken wirklich gebügelt werden?« Vergessen Sie das.
Sie sollten sich fragen: »Was könnte ich stattdessen tun?«

Tun Sie, was immer Ihnen spontan einfällt, und schreiben Sie es auf.*
Dann können Sie am Ende Tag eins mit Tag zehn vergleichen. Sie werden feststellen, dass viele Dinge passiert sind, mit denen Sie nicht gerechnet haben. Stellen Sie sich mal vor, dass Sie täglich, seit Anbeginn der Zeitrechnung, jeden

* Sie brauchen jetzt noch Papier und Stifte. Ein bisschen was müssen Sie schon investieren.

Morgen dieselbe Strecke zur Arbeit gefahren sind, nachmittags die Kinder zum Ballett gebracht haben, am Abend schon für den nächsten Tag vorgekocht und bis in die Nacht Näharbeiten verrichtet haben. Am Ende der ersten Woche mit dem Alltagsmixer könnte dann Ihr Leben sich komplett verändert haben. Dann könnte auf Ihrer Liste stehen: Bin heute Morgen eine andere Strecke zur Arbeit gefahren. Habe dabei entdeckt, dass um die Ecke ein Fitnessstudio ist. Habe mich direkt angemeldet und habe nun Muskeln an Stellen, wo andere nicht mal Stellen haben. Einen Tag später schreiben Sie: Statt zum Ballett habe ich die Kinder zum Basketball gebracht. Sie waren anfangs überrascht und Natascha erwies sich als wahres Korbwunder. Zudem habe ich am Mittwoch nicht gekocht. Wir waren bei einem Italiener um die Ecke. Da arbeitet tatsächlich ein ehemaliger Klassenkamerad von mir. Der, mit dem ich früher auf den Schulfeiern immer rumgemacht habe. Seitdem gibt es in meiner Ehe ziemlichen Zoff und ich bin wieder ins Arbeitszimmer gezogen. Und am Freitag habe ich nicht genäht, sondern gehäkelt. Seither kann ich Oma viel besser verstehen.

Um nicht zu viel Trubel in Ihren Alltag zu bringen, sollten Sie den Mixer nur dosiert anwenden. Wenn Sie Ihren Alltag einmal verändert haben, dann leben Sie erstmal eine Weile damit. Es wäre Wahnsinn, täglich das Schema zu wechseln. Erstens wird es irgendwann unmöglich, jeden Morgen eine Strecke zur Arbeit zu finden, die von Ihnen noch nicht befahren wurde. Außerdem werden Ihre Kinder vermutlich schon vor der Pubertät rebellieren, wenn Sie sie wie Zehnkämpfer tagtäglich zu einem anderen Sportclub kutschieren.

Dosiert angewendet, ist der Alltagsmixer eine sinnvolle Übung, die absolut unerlässlich ist, um spontanes Verhalten zu trainieren.

DUMME FRAGEN

Nachdem Ihr Alltag nun nach und nach vom strengen Kasernenhof zum lockeren Spaßareal wird, nähern wir uns einem anderen Phänomen: dem Unerwarteten. Bisher hatten Sie alles fest im Griff und waren selbst derjenige, der etwas an Ihrem normalen Ablauf verändert hat. Doch was, wenn jemand anders in Ihre schöne kleine Welt eindringt? Das ist es, wovor die meisten von uns sich insgeheim fürchten. Denn dann müssen wir etwas tun, was viele von uns gerne besser könnten: souverän kontern. Oberwasser behalten.

Oft gerät man beispielsweise in Situationen, in denen man mit ganz und gar unmöglichen Fragen traktiert wird. Geht Ihnen das auch so: Sie sind sprachlos und wissen nicht, wie Sie reagieren sollen? Erst Stunden später fällt Ihnen eine passende Retourkutsche ein. Dann sitzen Sie dann da und ärgern sich, warum Ihnen diese fabelhafte Antwort nicht früher eingefallen ist.

Aber zunächst müssen wir uns mit unserem Untersuchungsgegenstand beschäftigen: Was sind überhaupt dumme Fragen? Hier ein paar wahllos zusammengestellte Beispiele, die ich teils selbst erlebt habe und die mir teils zugetragen wurden:

Es ist Samstagnacht. Sie stehen in der Disco, Kneipe, auf einer Veranstaltung oder wo auch immer Sie hingehen, um Ihrer Flippigkeit Genüge zu tun. Sie sehen, wie ein abwegig aussehender Mensch Marke »Verzweifelt« Sie bräsig ansteuert. Es folgt ein obligatorischer und – in neunzig Prozent der Fälle – wenig kreativer Opener wie: »Naaaa! Auch hier?«

Was sagen Sie jetzt? Wenn Sie sich den ganzen Abend über gegen Ihren Willen in Grund und Boden baggern lassen wollen, sagen Sie nur: »Ja!« Wollen Sie hingegen an diesem Abend, an diesem Ort und zu dieser Stunde weiterhin Ihre Freiheit genießen, dann entschließen Sie sich doch einfach zu einer Antwort der anderen Art. Verschiedene Möglichkeiten stehen Ihnen offen:

»Nein, bin ich nicht. Ich bin nur ein Hologramm und komme vom Planeten Manga 8. Wir studieren gerade das merkwürdige Anmachverhalten der menschlichen Rasse. Und du hast es gerade auf Platz eins geschafft.«

Gegebenenfalls sagen Sie einfach:

»Du hast recht. Wahnsinn. Danke, dass du mich drauf aufmerksam machst, denn eigentlich sollte ich ganz woanders sein! Danke!«

Und wenn Sie den Premium-Romantiker sofort loswerden möchten, eignet sich folgende Antwort:

»Jaaaa! Ich bin auch hier. Und jetzt schau mal weiter, wer sonst noch so da ist!«

Auf einer Skala von 1 bis 10 sind dies halbwegs originelle Anmachkiller der Pointenstärke 5.

Sie fragen sich natürlich nun berechtigterweise: »Was, wenn mir nichts Originelles einfällt? Was, wenn der erste Gedanke, den ich ausspreche, einfach ist: ›Hau ab, du Sack!‹?«
Meine fachkundige Antwort lautet: Dann ist das halt so. Aber es ist auch dann immer noch besser, als von irgendei-

nem Herbert Flingers aus Mayen in den Wahnsinn getrieben zu werden.

Zum Erbarmen schrecklich ist auch die folgende blöde Frage:

»Hallo, hat es wehgetan, als du vom Himmel gefallen bist?«

Den meisten Damen wird ja schon vom Lesen dieser Vorstadtcasanova-Phrase übel. Die Augen zu verdrehen und »Fort, fort mit dir!« brüllen ist zwar eine Maßnahme, aber Sie dürfen an so einer Abfuhr ruhig ein wenig mehr Spaß haben. Reagieren Sie doch einfach mal anders als sonst. Wählen Sie stattdessen eine Antwort, die etwas anders ist als erwartet:

»Nein, aber es tat mehr weh, in die Hölle zu kriechen, um Männern wie dir zu begegnen.«

Oder:

»Ja, und wenn du nicht willst, dass dir was wehtut, dann würd ich an deiner Stelle gehen oder zum Himmel beten.«

GENRE-GAUDI

Beim *Genre-Gaudi* haben Sie die Aufgabe, normalen Abläufen, Situationen oder Momenten in Ihrem Urlaub anders zu begegnen als sonst. Stellen Sie sich eines der normalen täglichen Ereignisse einfach in einem bestimmten Filmstil vor. Zum Beispiel könnte das Frühstücksbüfett im Stil eines Jane-Austen-Kostümfilms eingenommen werden, oder Sie tun bei der Poolgymnastik so, als ob Sie ein Teil des Films *Dirty Dancing* wären. Sie brauchen dafür keinen Text zu lernen oder teuren Schauspielunterricht bei einem

überbezahlten Rumänen zu nehmen, der mal ein halbes Jahr in Bukarest am Stadttheater gespielt hat. Erfassen Sie die Situation ganz allein aus Ihrer Fantasie und versetzen Sie sich in das jeweilige Genre hinein.
Als kleine Trockenübung habe ich die nun folgenden Beispiele tageschronologisch aufgebaut, damit beim Lesen als kleiner Nebeneffekt auch noch das richtige Urlaubsfeeling aufkommt. Verdammte Hacke, bin ich gut. Ich könnte jetzt glatt ins nächste Maritim rennen, im Frühstücksraum eine La Ola anzetteln, und danach zum Chillen im Pool beim Aquayoga mitmachen. Aber das nur nebenbei.

08:00 UHR

Diese Situation kennen Sie: Sie sind noch auf dem Zimmer und die Reinigungskräfte wollen Ihr kleines Domizil mit oder ohne Meerblick tageslichttauglich machen. Einige gehen peinlich berührt auf den Balkon, um den Armen nicht beim Saugen zuschauen zu müssen. Andere verlassen sogar ihr Zimmer, damit sich das Reinigungspersonal hygienisch austoben kann. Die meisten hängen des Nachts schlicht ein rotes Schild an die Klinke, um dem Personal mitzuteilen, dass ihr Zimmer bei Anbruch des Tageslichts und bis in die späten Vormittagsstunden noch nicht reinigungsbereit ist. Lassen Sie das. Genießen Sie den für Sie ungewohnten Vorgang. Werden Sie ein Teil davon.
Sobald das Reinigungskommando an Ihre Zimmertür klopft, benehmen Sie sich wie in einem Agentenfilm. Geben Sie leise ein Klopfzeichen zurück. Es ist davon auszugehen, dass von der Gegenseite erneut geklopft wird. Diesem Klopfen begegnen Sie wie ein gut geschulter Spion. Öffnen Sie die Tür und sagen Sie etwas, das nach einem geheimen Code klingt, wie zum Beispiel:

»Die Fische schlafen alle kopfüber!«

Nachdem Sie das überforderte Gesicht der Ihnen zugeteilten Raumfachkraft lange genug genossen haben, lassen Sie die Dame oder den Herrn ins Zimmer. Führen Sie nun groteske Gespräche mit Ihrem Partner, wenn dieser sich ebenfalls noch im Zimmer befindet. Falls Sie alleine urlauben, sprechen Sie Kauderwelsch in ein Diktiergerät. Wenn Sie gerade keins dabeihaben, kann Ihnen die raumeigene Fernbedienung gute Dienste leisten. Schauen Sie mit wachsamem Blick alle paar Minuten nach draußen und fotografieren Sie alles, was dort vor sich geht. Auch wenn es nur der tägliche Gang der anderen Touris zur Fütterung ist. Ihr Name ist Bond, James Bond. Glauben Sie mir, so unterhaltsam war die Reinigung Ihres Zimmers für Sie noch nie. Lassen Sie Ihrer Fantasie freien Lauf und gehen Sie ganz in Ihrer Rolle auf. Aber Vorsicht – verlieren Sie sich nicht darin. Ich möchte keine bösen Briefe von Hotelketten erhalten, in denen man sich darüber erzürnt, dass ich Touristen dazu animieren würde, die Zimmermädchen zu fesseln und zu verhören. Sie müssen immer wissen, wann es genug ist.

Wer kein Spionagefan ist, könnte natürlich auch einen Western spielen: Es klopft an Ihrer Tür – Sie sitzen auf einem Stuhl, die Füße lässig auf dem Tisch geparkt. GAAAANZ WICHTIG: Kauen Sie auf irgendwas rum, zum Beispiel auf einem Zahnstocher oder auf einem Hotel-Kuli. Spucken Sie alle drei Sekunden verächtlich auf den Boden oder tun Sie wenigstens so. Wenn es klopft, brüllen Sie: »Komm rein, du dreckiger Halunke!« Es erscheint eine wahrscheinlich etwas verunsichert wirkende Sauberkeitsexpertin.

Wenn sie fragt: »Darf ich das Zimmer aufräumen?«, dann schlägt Ihre Stunde. Schauen Sie ihr in die Augen. Und dann sagen Sie mit dem Timbre eines John Wayne: »Hallo Fremde! Sie sind wohl neu in der Stadt! Hier herrschen klare Gesetze, Schätzchen. Ich werde hinausreiten, um Hilfe zu holen. Dieses Zimmer ist eindeutig zu klein für uns zwei. Wir treffen uns um zwölf Uhr mittags vor dem Saloon.«

Sie können sicher sein, dass Sie ein verwirrtes Zimmermädchen zurücklassen werden, das (je nachdem, wie abgehärtet sie im Massentouri-Business ist), wenn Sie Glück haben, noch Ihr Zimmer macht. Bitte drehen Sie aber nicht komplett durch und versuchen Sie auf keinen Fall, ein Streichholz an der Wange der bedauernswerten Frau zu entzünden. Holen Sie sich auch kein Pferd in Ihr Zimmer, um Ihre Rolle glaubwürdiger zu gestalten. Und bitte, bitte keine Gewalt. Zerkloppen Sie auf gar keinen Fall einen Stuhl auf dem Kopf der Dame und werfen Sie sie anschließend auch nicht durchs geschlossene Fenster. Und bedrohen Sie auch nicht das übrige Personal mit einer Winchester 73, nur um die Damen und Herren aufzufordern, die Mülleimer zu leeren.

09:00 UHR

Sie wissen, Sie wollen nur eines: an den Pool! Aber die Erfüllung Ihres feuchten Traums liegt in weiter Ferne. Jede, wirklich jede Liege ist mit einem Handtuch reserviert. Früher dachte ich, die Erzählungen von Menschen, die allmorgendlich das Gros der Poolliegen reservieren, seien urbane Legenden. Geschichten, die man sich am Lagerfeuer erzählt oder ungezogenen Kindern zuraunt, um ihnen Angst einzujagen. In meinem ersten Pauschalurlaub musste ich feststellen: Sie sind wahr! Als ich eines Morgens um fünf Uhr nach einer erlebnisreichen Nacht ins Hotel zurückkehrte, hatten die ersten Familien bereits ihre Handtücher strategisch platziert. Die Ausrichtung der Handtücher ließ Rückschlüsse darauf zu, dass sie dafür eine meteorologische Grafik erstellt hatten, die auf Wetteraufzeichnungen der Region in den letzten fünfzig Jahren beruhte und ihnen anzeigte, wo sich im Umfeld des Pools der sonnigste Platz befand. Ich muss zugeben, ich war baff.

Nun zurück zu Ihnen. Da auch Sie sich einen Platz an der Sonne verdient haben und vermutlich nicht zur »Ich-stell-mir-fürs-Handtuch-platzieren-um-vier-den-Wecker«-Fraktion gehören, gebe ich Ihnen nun zwei Anregungen aus dem Genre-Gaudi, mit denen es für Sie zum Kinderspiel wird, eine Liege zu ergattern.

ERFOLG MIT DEM KLASSISCHEN MAFIAFILM

Begeben Sie sich vor dem Frühstück zum Pool, dann, wenn die Liegen zwar reserviert, aber noch nicht belegt sind. Sie sollten ein Foto von einem abgetrennten Pferdekopf vorbereitet haben, das Sie unter dem Handtuch Ihrer Wunschliege platzieren. Schreiben Sie mit Großbuchstaben darauf: »Kein guter Platz an der Sonne. V. C.« Sollte das Handtuch am nächsten Morgen trotz Ihrer Warnung noch die Liege blockieren, gehen Sie, möglichst im weißen Anzug und mit Sonnenbrille, zu der betreffenden Person. Nun ist Ihre Schauspielkunst gefragt. Raunen Sie mit starkem Akzent und rauchiger Stimme: »Hast du Vitos Geschenk bekommen? Gut. Ich habe ein Angebot, das du nicht ablehnen solltest. Diese Liege hier bleibt frei, oder du wachst morgen mit Betonsandalen auf! Ciao.« Cool um die Ecke gehen. Umziehen. Warten. Dann die freie Liege genießen.

Bitte benutzen Sie keine echten Pferdeköpfe, sondern nur Fotos mit viel Kunstblut. Erstens gäbe das Ärger mit Tierschützern und zweitens glaube ich auch nicht, dass Sie auf die Schnelle genug Pferde zusammenbekommen, um alle Liegen damit zu belegen. Man würde das ohnehin zu Ihnen zurückverfolgen können und Sie müssten sich vielleicht unangenehmen Nachfragen stellen.

DIE SCHNELLE PROBLEMLÖSUNG PER KRIMI

Gehen Sie auf die von Ihnen bevorzugte belegte Liege zu. Das perfekte Outfit für Ihren Coup ist ein grauer Trenchcoat. Sie beginnen nun, die Liege zu untersuchen. Die sich sonnende Person wird etwas misstrauisch in Ihre Richtung sehen. Lassen Sie sich davon nicht beeindrucken und fahren Sie mit Ihrer Tatortbesichtigung fort. Nach einer Weile sagen Sie in ernstem, aber bestimmtem Tonfall: «Ich muss diese Liege konfiszieren. Sie ist Gegenstand eines Verbrechens.« Dann nehmen Sie die Liege huldvoll entgegen und verschwinden im Hotel. Warten Sie etwa zwanzig Minuten. Wenn Sie nicht in Sichtweite des Pools sind, dürfen Sie sich dabei auch an einer der hoteleigenen Bars einen oder mehrere Drinks hinter die Binde kippen. Sobald die Luft rein ist, werfen Sie sich in Ihre Poolbekleidung und begeben sich zum fröhlichen Badespaß. Wenn Sie von dem durch Sie Vertriebenen angesprochen werden, sagen Sie, dass Sie als Lockvogel dienen, gerade bei der Aufklärung einer Straftat behilflich sind und auf keinen Fall beim Gespräch mit ihm beobachtet werden dürfen. Die Liege wäre nun mit einer Wanze ausgestattet und würde den ganzen Tag abgehört werden. Die penetranten Handtuchwerfer werden die Poolliegen mit Sicherheit nicht mehr so schnell reservieren. Wenn Sie Glück haben, spricht sich Ihr Manöver herum und Sie haben bald freie Bahn am Planschbecken.

13:00 UHR

Das erste Bier an der Poolbar. War der Genrefundus, aus dem Sie bisher gewählt haben, bis jetzt noch ziemlich basic, machen wir uns nun zu abgelegeneren Ufern auf. Kitzeln Sie doch mal einen romantischen Historienfilm aus sich heraus. Gehen Sie an die Theke und pudern sich das Näschen. Nachdem Sie sich auf die venezianische Art Luft zugefächert haben, sprechen Sie die Bedienung an: »Junger Wirtsherr! Es dürstet mich. Hat Er etwas von diesem wunderbaren Getränk, das beim gemeinen Volk so beliebt ist? Eine erfrischende Hopfen-Kaltschale. Ich glaube, man nennt es Bier!« Wenn Ihnen der Humpen gereicht wird, bezahlen Sie mit höflichen Worten.* Lassen Sie sich also nicht zu tief in Ihre Rolle fallen: Wenn Ihnen eine Rechnung präsentiert wird, schreien Sie den Mann keinesfalls an: »Was erlaubt Er sich? Von mir Geld zu erwarten! Er darf mir den Dreck unter den Flipflops wegkratzen und nun entferne Er sich! Pöbel! Gesindel!«

Eine so starke Identifizierung mit der Rolle ist nicht gewünscht. Im Klartext: Laufen Sie nicht als wandelndes Multiplex-Kino durch die Anlage. Sie müssen nicht jede Stunde einen neuen Film fahren. Sie wollen ja nicht in der örtlichen Psychiatrie versauern, nur weil Sie Ihren Urlaub etwas aufregender gestalten wollten.

18:00 UHR

Wie alle Massentouris verbringen Sie sicher nach dem kleinen Poolbier den Rest des Tages bis zum Abendessen am Pool. Kurz vor dem abendlichen Mahl kommt es bei die-

* Oder zeigen Sie kokett Ihr All-inclusive-Bändchen vor.

ser Art des Urlaubens zur größten Herausforderung und zum schlimmsten Stressmoment. Hysterische und man könnte meinen vollkommen runtergehungerte Menschen in Dreiviertel-Hosen und ausgesprochen geschmacklosen Hemden lungern bereits lange Zeit vor dem Essen in unmittelbarer Nähe des Restaurants herum. Wie Raubtiere belagern sie die Tür, um als Erste schlaffe Tomatenscheiben mit fadem Mozzarella zu ergattern. Diese Menschen wittern die Gaumenfreuden schon, lange bevor sich die Türen des Speisesaals öffnen. An kilometerlangen Büfetts werden tonnenweise Nudeln, Bratkartoffeln, Fritten, Braten in tiefbrauner Bratensoße, Gemüse in schieren Hektolitern Sauce hollandaise und das allseits beliebte Salatbüfett bereitgestellt. Sobald die Büfett-Stürmer eingelassen werden, herrscht pure Gier. Diese Gourmands haben die Kunst perfektioniert, so viel Essen wie nur irgend möglich auf ihren Teller zu häufen, ganze Kuchenplatten auf einmal abzuräumen und an Früchten und Süßigkeiten alles zusammenzuraffen, was nicht niet- und nagelfest ist.

Das Hotelbüfett ist das Eldorado der Steakhouse-Salatstaplerinnen. Wie Sie wissen, darf man im Steakhouse immer nur einmal zum Salatbüfett. Ich habe einmal eine Frau beobachtet, die sich einen vierzig Zentimeter hohen Salatturm auf ihren 2,95-Euro-Miniteller geschichtet hatte. Es gelang ihr dabei sogar, vier hart gekochte Eier auf dem Frisée-Gipfel zu drapieren, diese mit Schinken zu ummanteln und das Ganze mit einem Pfund Croutons zu bestreuen. Eine wahre Künstlerin. Sollten Sie diesen Trick einmal ausprobieren wollen, verzichten Sie beim Anrichten Ihrer grünen Eiger-Nordwand aufs Dressing. Es macht den Salat glitschig, und dann wird es Ihnen kaum gelingen, hoch genug zu stapeln. Es besteht darüber hinaus die Gefahr, dass Sie auf dem Weg zu Ihrem Platz eine Spur aus Oliven, Silberzwiebelchen, Mais und Cocktailtomaten hinterlassen. Wie bei Hänsel und Gretel kann man dann den Weg zu Ihrem Tisch rekonstruieren.

Zurück zu Ihrer Urlaubsidylle. Vor der Tür der Nahrungsabfertigung warten also gefühlte tausend Leute, unter ihnen etliche durch das Steakhouse-Salatbüfett geschulte Stapelweltmeister, auf die Fütterung. Es ist 18:27 Uhr. Um 18:30 Uhr werden die Pforten zur Befriedigung niederster kulinarischer Instinkte geöffnet. Wie kommen Sie dennoch ohne lange Wartezeiten als Erster an die halbwegs warmen Speisen?

Nichts leichter als das: Ziehen Sie sich einen weißen Kittel an. Basteln Sie sich ein Schildchen mit einer Anstecknadel, auf dem in großen Lettern das Wort Lebensmittelkontrolle prangt. Faseln Sie mit Ihrer Begleitung, die ebenfalls einen solchen Kittel trägt, etwas von Salmonellen, Nematoden und Listerien. Die Menschen an der Schlange werden Sie respektvoll durchlassen. Wenn Sie vorm Portal des Speiseraums angelangt sind, wahren Sie bis zur Öffnung des Restaurants einen möglichst skeptischen Gesichtsausdruck. Sehen Sie sich die Leute an und schütteln Sie bedenkenvoll den Kopf. Wenn die Türen geöffnet werden, lassen Sie sich Ihren Hunger keinesfalls anmerken und gehen Sie prüfend am Büfett entlang. Packen Sie sich den Teller voll und sagen Sie zu Ihrem Kollegen: »Alles o.k. hier! Keine Bedenken. Kein 2 CVX XII.« Setzen Sie sich an einen der hinteren Tische und genießen Sie Ihr Abendessen.

Warnung: Diesen Spaß sollten Sie sich nicht jeden Abend gönnen, da Ihnen irgendwann nicht einmal der unterbelichtetste Urlauber mehr abnimmt, dass Sie einem tödlichen Virus auf der Spur sind.

22:00 UHR

Wie könnte es anders sein: Aufs üppige Abendbrot folgt der unvermeidliche Clubabend, bei dem Sie von hypermotivierten Animateuren gezwungen werden, an grauenvollen Inszenierungen mitzuwirken: Wet-T-Shirt-Contests, Schlagerabende und indiskutable Modenschauen. Spätestens, wenn Lütkens Bettina auf der Bühne steht und Tina Turner imitiert, bekommt der Begriff des Fremdschämens für Sie eine nie da gewesene Dimension. Entweder Sie sind eine Rampensau, die nur darauf brennt, im abwegigen Kostüm und Rollschuhen Starlight-Express op Kölsch nachzuspielen, oder der Abend endet für Sie im Fiasko.

Wie bereiten Sie sich trotzdem einen unvergesslichen Abend? Besserwisser werden nun sagen: »Erst gar nicht hingehen!« Aber ich kann Ihnen versichern, dann verpassen Sie eine großartige Chance. Mit ein wenig Fantasie können Sie nämlich gerade bei den Veranstaltungen puren Grauens großen Spaß haben. Sie brauchen dafür nur einen MP3-Player mit einem kleinen Lautsprecher und vier bis fünf Geräusche-CDs, die Sie zuvor auf das Gerät geladen haben. Mischen Sie sich damit unters Volk und lassen Sie sich alle zwanzig bis dreißig Sekunden ein beliebiges Geräusch einblenden. Donnerschlag, Zuggeräusche, Türenklappen, ein saftiger Kuhfurz, ganz egal. Reagieren Sie auf die jeweiligen Geräusche so, als wären sie real.

Stellen Sie sich also vor, im Wet-T-Shirt-Contest erklingt auf einmal sehr lautes Hundegebell. Schauen Sie mit ärgerlichem Gesichtsausdruck zu einer Seite der Bühne hinüber. Jeder der Gäste wird denken, irgendwo in der Nähe hätte jemand die Kontrolle über seinen Fiffi verloren.

Wenn sich auf der Bühne mal wieder jemand zum Obst macht und Balladen von Celine Dion in Grund und Boden singt, spielen Sie doch einfach mal Maschinengewehrsalven ein. Und springen erschrocken unter den nächsten Tisch. Sicher, das ist ein böser Scherz. Aber spätestens, wenn die Hälfte der Zuschauer unterm Tisch kauert, werden Sie großen Spaß haben. Lassen Sie sich nur nicht erwischen. Das gilt übrigens für alle Übungen und Spiele, die ich Ihnen in diesem Kapitel vorschlage. Und von mir haben Sie das nicht.

RALF SCHMITZ

SCHMITZ' KATZE. HUNDE HABEN HERRCHEN, KATZEN HABEN PERSONAL

WENN DIE KATZE KOMMT

WIE ICH ZU MEINER KATZE KAM

Als ich so circa acht Jahre alt war, beschloss meine Mutter, dass ich eine Katze bekommen sollte. Ob sie deswegen auf die Idee kam, weil sie mal wieder etwas mehr Ruhe haben wollte – ich hatte damals tausend Ideen in der Minute –, oder ob es deshalb war, weil sie selber gerne eine haben wollte, das kann ich rückwirkend nicht mehr beurteilen. Wenn man sie heute danach fragt, ist man eh nach circa drei Sekunden in der üblichen Geschichte: »Früher war ja alles ganz anders ... Weißt du noch, als Tante Therese gestorben ist?«

Also, meine Mutter beschloss: Ich bekomme eine Katze. Und ich fand die Idee auch ganz gut. Und je näher der Termin rückte, an dem wir ein Pelztier aus dem Tierheim retten wollten – so sah ich das damals –, desto aufgeregter wurde ich. An Schlaf war eine Woche vorher schon gar nicht mehr zu denken, geschweige denn an Schule, Freunde oder Nahrungsaufnahme. Kurz gesagt, ich drehte fast durch.

Wussten Sie eigentlich, …
dass Kindern zwischen 6 und 16 Jahren Katzen und Hunde viel wichtiger sind als zum Beispiel Computerspiele?

Mein Gehirn hatte wegen Vorfreude-Überlastung geschlossen. An die Woche vor dem Tag X kann ich mich deshalb heute absolut nicht mehr erinnern, nur daran, dass wir irgendwann, für mich wie aus heiterem Himmel, vor der Tür des Tierheims standen und klingelten.
Ich fand es großartig. Gleich sah ich Hunderte von süßen kleinen Wollknäuelchen, durchs Gesicht schlabbernde Hundebabys, maunzende Nassnasen … Gleich, gleich …! Die Tür ging auf, ich stürmte rein, und – was für ein Gestank! Tierheime riechen, vor allem beim ersten Besuch, nicht besonders einladend, zumal gerade, als wir eintraten, ein großer Dalmatiner vor uns in den Eingang kotzte. Und ein Dalmatiner kann 'ne Menge kotzen, gerade aus der Perspektive eines Achtjährigen, der dem Ding knapp bis zur Schulter reicht.

»Kommen Sie doch rein. Guten Tag«, sagte Frau Frank, die Leiterin des Heims, Typ Fräulein Rottenmeier aus ›Heidi‹, während sie uns entgegenkam. Das Ganze muss wohl ein einschneidendes Erlebnis für mich gewesen sein, denn an ihren Namen kann ich mich heute noch ganz deutlich erinnern. Ich kann mir sonst ja noch nicht mal den Namen meines Onkels aus dem Westerwald merken. Der, der einem immer die Luft abdrückt, wenn er einen umarmt. Aber ich schweife ab ... Oh Gott, ich werde wie meine Mutter.

»Ich bekomme heute eine Katze«, sagte ich und freute mich jetzt schon wieder ein bisschen mehr. Der erste Schock war überwunden. Da kotzte der Dalmatiner ein zweites Mal. Dieses Mal, während eine Assistentin ihn gerade aus dem Zimmer tragen wollte. Sie hatte ihn unter dem Bauch gepackt und hochgehoben, was wohl keine so gute Idee gewesen war.

Kurz danach kamen wir an Zimmern für ausgewachsene Hunde, Hundebabys, Papageien (mein Gott sind die laut! Und alle wirken irgendwie ständig angepisst), Meerschweinchen (rasend langweilig) vorbei und traten schließlich in das für Katzenbabys ein. Süüüß! Alle!!!! Die! Nein, die!! NEIN, DIE!!!!!!!!!! Es war hoffnungslos. Alle kleinen Dinger, eins süßer als das andere, krabbelten auf mir herum. Meine Mutter freute sich, die Tierheimleiterin auch. Ich hätte nur blind die Hand ausstrecken müssen und wir hätten alle nach Hause gehen können. Doch dann sagte Fräulein Rottenmeier mit so einem professionellen Zittern in der Stimme etwas Verhängnisvolles.
»Nebenan haben wir auch Katzen, die schon etwas älter sind. Die will aber keiner.«

Nun muss ich an dieser Stelle erwähnen, dass ich damals gerade auf dem Selbstlosigkeitstrip war, hatte ich im Kino doch »Das letzte Einhorn« gesehen, und nun wollte ich unbedingt auch die alten, abgemagerten, ausgemergelten Geschöpfe ohne Beine und Ohren sehen. Meine Mutter fand das beispielhaft. Noch.

Wir gingen nach nebenan, und als ich den Raum betrat, rannte auf einem Umlauf an der Wand, etwa auf der damaligen Höhe meines Kopfes, eine fast ausgewachsene, getigerte Katze auf mich zu und maunzte mich an. So laut und so frech, dass ich mich total erschrocken habe. Minka! – das heißt, damals ja noch »Messalina«. Sie *hatte* Beine und Ohren, war aber frisch operiert, auf der Seite wegen der Sterilisation komplett rasiert, spindeldürr, und hatte einen Ausdruck in den Augen, der sagte: »Was soll das hier? Was stehst du noch rum? Nimm mich gefälligst mit, du Arsch!«
Tja, ich verstand sie, sie verstand mich. Meine Mutter brabbelte noch so etwas wie »Die Katze sucht den Menschen aus und nicht der Mensch die Katze«, und im nächsten Augenblick saßen wir auch schon im Auto: Ich mit meiner hässlichen Messalina auf dem Schoß – auf das Namensdesaster komme ich gleich noch zu sprechen –, während Fräulein Rottenmeier – ich meine, die »Tierheimleiterin« – uns aufgeregt und glücklich nachwinkte.
Minka pinkelte mir auf den Schoß. Autofahren findet sie bis heute scheiße. Aber ich leg mittlerweile was drunter.
Tja, jetzt war ich Herrchen.

DIE NAMENSFINDUNG

Wir wissen alle, wie entscheidend die richtige Vergabe eines Namens sein kann. Wir sind alle schon mal einem Karl-Heinz begegnet oder einem Ernst-August, vielleicht sogar einem Hans-Wurst … – Verzeihung –, und wir haben feststellen dürfen, dass die Klischees ja irgendwo herkommen müssen. Ausnahmen bestätigen natürlich wie immer die Regel, liebe Leser. Ich heiße immerhin *Schmitz*, ich muss es wissen.

Mit diesem Wissen, das ich damals schon hatte, standen wir dann vor der Namensgebung meiner Katze. Ihr Noch-

Name, der ihr im Tierheim gegeben worden war, lautete *Messalina*. Den fand ich eigentlich ganz schön, aber meine Mutter war dagegen.

Was sollte denn aus einer *Messalina* werden? Eine Prinzessin auf der Erbse? Eine egozentrische Despotin, die nur macht, was ihr gefällt und der man dann als Personal den Haushalt führen darf?
Als ob die Namensänderung daran etwas geändert hätte. Aber jetzt weiß ich auch, woher *ich* diesen Namenstick habe.
Wie sie denn dann auf Ralf gekommen wäre, wollte ich wissen.
»Tja, äh ... das habe ich mir ... das war, weil ... den hat dein Vater ausgesucht.«
Stimmte nicht.
»Dann weil ... wegen ... das kommt von Raphael, dem Engel. Mein kleines Engelchen.«
So hatte sie mich noch nie genannt. Das Thema war aber damit abgehakt. Mütter.

Messalina sollte einen anderen Namen bekommen. Wir überlegten. *Muschi* schlug ich vor. Ich wusste, es war was Versautes, aber was genau, war mir noch nicht klar. Natürlich kam das niemals in Frage, es machte nur so einen unglaublichen Spaß, die Gesichter der Erwachsenen zu beobachten, wenn man so was sagte.
Ich schlug immer mehr Namen vor, die mir einfielen. Ich ging das ganze Alphabet durch.

Amber. Fiel sofort durch. Ebenso wie *Amy* oder *Angelina. Anouschka, Arielle* oder *Babsy. Beatrix, Beauty, Becky, Belina, Belladonna, Belle, Bijou* und *Bunny.*

Und wir waren erst bei B!

Auch *Camilla, Carmen, Casablanca, Cassandra, Cassiopeja, Cecilia, Celeste, Celia, Celina, Chantal, Charisma, Chiquita, Cinderella, Cindy, Cleopatra, Daisy, Dalia, Dana, Daphne, Desdemona, Desiree, Destiny, Doofmann* – ich wollte nur sehen, ob Sie aufpassen –, *Ebony, Fanny, Fantasia, Fatima, Fay, Felicitas, Felina, Fortuna* waren eine Katastrophe.

Können Sie noch?

Weder so schöne Namen wie *Geisha, Gina, Ginger, Gipsy, Gloria, Heather, Hexe, Holly, Honey-Bee, Hope, Jackie, Jade* noch *Jolie* oder *Josephine* konnten meine Mutter erweichen.

Ich war erst acht, möchte ich an dieser Stelle erwähnen!

Zu *Kalahari, Katsinah, Kikki, Kimberly, Kyra, Laila, Lara, Lilly, Lilofee, Lisa, Lucy, Luna, Lupina, Maggie, Mandy, Marga, Mayflower, Melissa, Melody, Mermaid, Misery, Miss, Missy, Misty, Momo, Mona, Moon, Morea* oder *Morgaine* konnte ich sie auch NICHT überreden.
Erst als ich bei *Minka* ankam, da blitzte was in ihren Augen.
Gott sei's gepriesen!

Warum die Katze, obwohl sie ja eigentlich meine war, so heißen sollte, wie es meine Mutter wollte, weiß ich bis heute nicht. Ist aber auch nicht so wichtig. Wichtig war nur, dass wir endlich diesen verfi… – äh, den Ausdruck kannte ich damals ja noch nicht – jedenfalls bald einen neuen Namen finden mussten, sonst würde die Katze vorher noch an Altersschwäche sterben. Ohne Namen. Aber es war ja so weit. Der Name war gefunden:

Minka

Meine Mutter überzeugte das Argument, dass Minka wohl ein russischer Kosename oder eine russische liebenswürdige Bezeichnung für eine Katze sei. Ich habe das nie nachgeprüft. Falls es *nicht* stimmt, sagen Sie es bitte nicht meiner Mutter. Ich ändere den Namen jetzt jedenfalls *nicht* mehr.

Gott sei Dank war bei M Schluss gewesen. So ersparten wir uns *Nadina, Nancy, Naomi, Nasty, Nelly, Nena, Nenee, Neomi, Nicky, Nightingale, Nighty, Nina, Ninotschka, Nishy, Ohura, Olga, Olivia, Ophelia, Ornella, Paloma, Paradise, Patricia, Patty, Peaches, Peachy, Peggy-Sue, Penelope, Piroschka, Polly, Pretty, Princess, Priscilla, Rachel, Regan, Romance, Romantica, Ronja, Rose, Roxana, Roxy, Samantha, Sassy, Sayonara, Scarlet, Scully, Semiramis, Serafina, Serina, Shalimar, Sheherazade, Sheila, Shiva, Snowbird, Starlett, Stella, Sue, Sulaika, Summer, Sunflower, Sunny, Tamara, Tamy, Tapsy, Tara, Teresa, Tessa, Tiffany, Tiffy, Trixi, Twiggy, Valentine, Vanessa, Venezia, Venus, Vera, Vicky, Victoria, Viola, Violet, Violetta, Virgin, Virginia, Voilá, Wanda, Wilma, Winnie, Winterflower, Witch, Woman, Wynona, Wyomie, Xena, Yasmin, Yolanda, Yvette, Zarah, Za Za* und vor allem *Zeleste.*

Ich war eigentlich eh die ganze Zeit einfach nur für *Katze* gewesen. Ich hatte das bei »Colombo« im Fernsehen gesehen, der seinen Hund ebenfalls bloß »Hund« nannte. Perfekt. Lustig und problemlos.

Nein, meine Katze sollte ab sofort *Minka* heißen.

Und ich nenne sie *doch Katze*. Seit über zwanzig Jahren. Heimlich. Wenn ich sie mit »Minka« gerufen habe, dann war klar, dass sie was ausgefressen hatte. Katzen kommen

eh nie, wenn man sie ruft, aber dann kam sie erst recht nicht. Warum ich in der Vergangenheit schreibe? Ach, das können Sie ja noch nicht wissen. Meine Katze ist mittlerweile so alt, dass sie nun taub ist. Minka hört nichts mehr. Deswegen ist das mit dem Namen eigentlich auch völlig egal. Besser Sie lesen dieses Kapitel erst gar nicht.
Aber falls Sie mal einen Namen für Ihre neue Katze brauchen, wissen Sie ja jetzt, wo Sie nachschlagen können.

KATZEN LIEGEN ÜBERALL RUM

Minka war aus dem Gröbsten raus. Ich noch nicht. Katzenleben verlaufen ja anders als die von Menschen, gerade in den ersten Jahren. Wenn wir fünf Jahre alt sind, ist so eine Katze ja bereits um die vierzig, also schon erwachsen.

Überträgt man das rückwärts, dann war Minka, als wir sie bekamen, mit nicht mal einem Jahr quasi so alt wie ich. (Für die, die genau aufpassen: Sie war damals schon zu alt und ein bisschen zu unansehnlich für das süße Babyzimmer im Tierheim gewesen.) Und Kinder brauchen viel Aufmerksamkeit. Und Katzen erst recht. Und beides zusammen? Sie machen sich keine Vorstellung.

Ich war damals aber mit ungefähr neun Jahren selber noch ein Kind. So genau können wir das nicht mehr rekapitulieren. Wir versuchen es zwar jedes Mal auf Geburtstagen, Hochzeiten und Beerdigungen – dann eben, wenn man für so was Überflüssiges Zeit hat –, aber wir kommen nicht drauf. Wie das immer so ist, streiten wir uns ein bisschen, alle haben recht, und zum Schluss einigen wir uns, dass ich zwischen acht und zehn Jahre alt gewesen sein muss. So ungefähr. Eher neun. Achteinhalb. Oder so.

Minka, oder Katze, war eine quirlige Natur. Aber das will man ja auch, das erwartet man ja von so einem Geschöpf. Nur dass diese Dinger das IMMER sind, das hatten wir alle unterschätzt. Schlafen, Essen, Anziehen, Staubsaugen, Fernsehgucken, Lesen ... Das alles war gar nicht mehr oder nur noch eingeschränkt möglich.
Aber das war noch nicht mal das größte Problem. Wir hatten keinen Stress, weil immer mit ihr gespielt werden musste. Nein, Katzen liegen einfach überall rum! Frech. Und gehen auch nicht weg. Katzen *sind* nicht einfach nur egozentrisch: Sie haben's *erfunden*!

Es war mir in der zweiten oder dritten Klasse – man könnte jetzt wieder anfangen zu streiten – *nicht* möglich meine Hausaufgaben zu machen, weil Minka ständig auf meinen Schreibtisch gesprungen ist und sich auf meine Hefte gelegt hat, *während* ich gearbeitet habe.

WAS MAN ALLES FALSCH MACHEN KANN

WENN DIE KATZE KOMMT

In dem Moment, in dem die neue Katze zum ersten Mal in Ihre Wohnung kommt, ändert sich etwas Grundlegendes in Ihrem Leben. Zum einen: Die Katze kommt nicht einfach nur rein; sie wird von Ihnen über die Schwelle getragen. Und auch wenn Ihnen persönlich die Ehe-Assoziation jetzt noch gar nicht so bewusst ist ... Warten Sie nur ab!
Ich selbst war noch nie verheiratet, habe aber 'ne Katze. Und Freunde meiner Eltern haben jahrelang geglaubt, Minka wäre der Spitzname meiner Frau. Oft schmusen wollen, hin und wieder zickig sein, überall ihre Haare finden, nicht zu lange wegbleiben dürfen ... das hat alles gepasst.

Gut, beim Thema »Fell ausbürsten« wurden sie immer stutzig. Ich glaube, die dachten dabei an unanständige Sexpraktiken. Ich habe das lange nicht aufgeklärt und davon geschwärmt, dass sie ja so beweglich ist und mit ihrer Zunge einfach überall hinkommt. Wenn man erst mal weiß, an was die anderen denken, macht es einen Riesenspaß.
Ich habe dann davon erzählt, dass ich ihr ein neues Halsband und 'ne Leine gekauft habe und sie das richtig toll findet. Dass wir auch schon mal damit draußen waren und die Leute ganz komisch geguckt haben. Dass ich es klasse finde, wenn sie schnurrend auf der Couch liegt, weil ich dann genau weiß, was sie will ...
Und dass ich mit ihr zum Arzt muss, weil sie dringend 'ne Wurmkur braucht. Da wurden sie stutzig. Nach drei Jahren! Ich hatte 'ne tolle Zeit.

Doch zurück zur Katze, die man *im Körbchen* über die Schwelle trägt ...
Am Tag der Ankunft Ihrer Katze sollten Sie sich keine weiteren Termine vornehmen. Noch besser, Sie machen das an einem Wochenende. Eigentlich sollten Sie sich die ersten drei Wochen komplett freinehmen, denn was Sie in dieser Zeit falsch machen, das kriegen Sie nie wieder repariert – im Kopf Ihrer Katze, meine ich.

Am besten schalten Sie als Erstes alle lauten Geräte aus wie die Waschmaschine, Omas Lieblings-Fernsehkanal und die vor Entzücken kreischende Freundin. Stellen den Katzenkorb da ab, wo Sie zuvor auch das Katzenklo hingestellt haben, und lassen Ihre Katze zunächst allein ihr neues Revier erkunden. Dabei sollten Sie aber immer in Reichweite sein, schließlich soll die Katze wissen, wer hier ihr Ansprechpartner ist. Und das sind dann doch besser Sie und nicht die Yucca-Palme.

Und ab diesem Moment heißt es: OBACHT!
Sie haben nur diese eine Chance.

Ich selbst bin ein bisschen mitschuldig an der neurotischsten Katze auf diesem Planeten und habe sicher viele Fehler gemacht, aber ich war damals auch noch sehr klein, wie ich bereits erwähnte ... JUNG, meine ich, ich war sehr jung. Deshalb weiß ich aber auch genau Bescheid und möchte Sie mit den folgenden Tipps davor bewahren, dasselbe durchzumachen wie ich und meine Freunde.

FEHLER NUMMER EINS: ZU WENIG BEACHTUNG!

Das ist natürlich IMMER ein Fehler, nicht nur beim Einzug der Katze, aber gerade an diesen wichtigen ersten Tagen gibt es absolut keine Entschuldigung für Abwesenheit oder Abgelenktsein!
Sie sind jetzt der Lehrer und Meister Ihrer Katze, merken Sie sich das bitte. Und glauben Sie fest daran. Sie sind bald der Einzige. Genießen Sie es, solange es dauert.

Wenn es eine ganz junge Katze ist, dann kennt sie bis jetzt weder Katzenklo noch Fressnapf, noch Kratzbaum, noch Sie. Und genau DIESE vier Dinge muss die Katze ganz schnell kennenlernen, sonst verwechselt sie die Anwendung dieser Dinge und kaut nachts an Ihren Haaren, pinkelt in den Napf und schmust mit dem Klo. Das will niemand, und man bekommt dieses Verhalten auch nur ganz schwer seinen Freunden erklärt.

Zeigen Sie Ihrer Katze also, wo sie von nun an ihre Mahlzeiten einnehmen wird, und wechseln Sie diesen Ort NIEMALS! Es sei denn, Sie haben Spaß daran.

Da, wo Ihre Katze zum ersten Mal gefüttert wird, wird sie ziemlich sicher immer essen wollen. Und auch, wenn es Sie jetzt noch so sehr reizt, den Napf beim ersten Mal ganz oben auf das Bücherregal oder die wacklige Wohnzimmerlampe zu stellen – bedenken Sie bitte, nicht zuletzt auch im Interesse Ihres Mobiliars, dass Witze und Katzen irgendwann alt werden ... und spätestens dann ist das nicht mehr lustig.

Nachdem die Katze nun ihren Fressplatz kennt, zeigen Sie ihr das Katzenklo. Das sollte übrigens auf keinen Fall im selben Zimmer stehen, in dem Sie oder die Katze essen. Auch wenn Katzen den Ruf haben, sehr reinlich zu sein ... das ändert nichts an diesem Geruch.
Ich hatte als kleiner Junge gerade den Film »Das Labyrinth« gesehen, und als ich zum ersten Mal im Bad stand, nachdem Minka auf dem Klo gewesen war, da wusste ich, dass der Autor, der das »Moor des ewigen Gestanks« erfunden hatte, 'ne Katze gehabt haben musste. Sie werden sehr bald wissen, wovon ich spreche.

Das Bad ist der perfekte Ort. Da sind Sie auf olfaktorische Generalangriffe wenigstens psychisch vorbereitet. Und glauben Sie mir, Sie werden trotzdem überrascht sein.
Also, wenn es das allererste Mal ist, dass Ihre Katze ein Katzenklo benutzt, und wenn dabei sogar Ergebnisse erzielt wurden, dann loben Sie Ihre Katze unbedingt so viel Sie können.
Dann nehmen Sie ihre Pfote und zeigen ihr, dass sie das Ergebnis sehr gründlich vergraben soll. Wenn Sie das für einen Witz halten: Es ist keiner. Ich lege Ihnen diesen Hinweis wärmstens ans Herz, weil manche Katzen leider nicht von alleine auf die Idee mit dem Zuschaufeln kommen, auch wenn das angeblich zum »Instinktverhalten« gehört. Wenn Sie ihr das NICHT direkt am Anfang »erklä-

ren«, können Sie demnächst dabei zusehen, wie Ihre Katze nach dem Geschäft an der Waschmaschine kratzt. Manche Katzen können auch dusselig sein.

Bei meiner Schwester war es nämlich genauso. Vielmehr bei ihrer Katze Shira. Sie kratzt immer sehr ausdauernd an der falschen Stelle, weil sie ja selbst riecht, dass da gerade etwas geruchstechnisch schwer in die Hose geht. Und zwar so lange, bis meine Schwester aus der Küche gelaufen kommt und höchstpersönlich den Haufen im Katzenklo zuschaufelt. Jedes Mal. Und Shira schaut zu.

Meine Schwester macht das *nicht* gerne. Nicht, dass das jetzt jemand falsch versteht. Aber sie hofft wohl immer noch, dass ihre Katze irgendwann von ihr lernt. Ich traue mich nicht, ihr die Wahrheit zu sagen.
Ich bin nämlich davon überzeugt, dass Shira genau weiß, wie das eigentlich geht mit dem Zuschaufeln, sie aber so faul und verschlagen ist, dass sie nicht darauf verzichten will. Manchmal kommt es mir vor, als höre man danach so ein leises unterdrücktes Glucksen aus dem Katzenkorb. Aber das bilde ich mir sicher nur ein.

SIE aber, weil Sie das ja jetzt wissen, werden Ihrer Katze am ersten Tag beibringen, wie das funktioniert mit dem Zuschaufeln. Ein, vielleicht zwei Mal am Anfang – und Sie haben ein Leben lang keinen Gestank in der Wohnung. Glauben Sie mir: Das ist die Mühe wert!

FREIE WEGE

Nicht dass Sie denken, dieses Buch sei übervoll mit unappetitlichen Erzählungen über Katzen. Keine Sorge, dies ist die letzte. Dennoch finde ich, dass ich die folgende kleine

Anekdote, die man ruhig als Warnung verstehen sollte, auf keinen Fall unterschlagen darf.

Das schon häufig erwähnte Katzenklo steht bei mir im Badezimmer, da, wo es, wie wir ja gerade gelernt haben, bei allen Katzenbesitzern stehen sollte. Nun sollte man aber auch bedenken, dass dieser Raum permanent, immerimmerimmer und jederzeit für die Katze offen und frei zugänglich sein muss. Denn, wie es ein äußerst betrunkener Freund im Zustand momentaner geistiger Eingeschränktheit lallend so weise formulierte: »Sonst katzt dir die Kacke auf den Flur.«
Dies sprach er aber nicht etwa, bevor wir zum Kölner »Rosenmontagszoch« aufbrachen. Nein, erst nachdem wir Stunden später wieder bei mir zu Hause eintrafen und Minka völlig verstört – offensichtlich verzweifelt und der Panik nahe – an der verschlossenen Badezimmertür kratzte und maunzte. Erst da tat er diesen genialen Satz.
Ich muss nicht erwähnen, dass genau er es gewesen war, der die Tür kurz vor unserem Aufbruch zugemacht hatte, oder? Wir sind immer noch befreundet – man sollte es nach der folgenden, absolut wahren Geschichte kaum glauben.

Wir kommen also wieder zurück in meine Wohnung. Hans spricht seinen Satz – und ich schöpfe sofort Verdacht. Gut, meine Katze steht vor der Tür und muss offensichtlich sehr dringend. Man könnte jetzt denken, Gott sei Dank, sie muss noch, sie hat noch nicht. Aber wir waren immerhin über sechs Stunden weg.
Ich inspiziere erst die Küche, dann das Schlaf- und schließlich mein Wohnzimmer. Volltreffer! Mich trifft der Schlag.

Wer einmal erlebt hat, wie Katzenpisse riecht (Verzeihung, aber Begriffe wie *Pipi* oder andere feinere Ausdrücke passen nicht mal annähernd), der wird Windeln wechseln, Hundekacke aus den Schuhrillen pulen oder das Wegwischen von Erbrochenem des an Magen-Darm-Grippe erkrankten Partners als Luftkuraufenthalt auf Sylt empfinden! Dieser Geruch ist einfach mit nichts zu vergleichen. Sie kriegen ihn nicht wieder aus der Nase, selbst wenn Sie gerade gar nicht zu Hause sind. Sie können nachts nicht schlafen, weil Sie WISSEN, dass da noch ein kleiner Rest übrig geblieben sein muss. Es ist furchtbar!

Das Wohnzimmer ist verseucht, ein Hoch auf Hans. Jetzt neigt man in so einem Fall dazu, entweder sofort auszuziehen und einfach nichts mitzunehmen oder ein SWAT-Team aus Amerika einfliegen zu lassen. *Oder* das Spezialisten-Team aus »E.T.«, dem außerirdischen Heimwehkranken, zu informieren! Kennen Sie den Moment, als die vielen weißen Labormenschen auftauchen und das ganze Haus unter Plastikplanen steril einpacken und untersuchen? Ungefähr so stelle ich mir das vor!
Da mir nun aber für all das die finanziellen Mittel fehlen, suche ich erst mal alleine weiter. Hans ist im Flur eingeschlafen.

Zehn Sekunden später weiß ich, wo der Ursprung des *Giftgasangriffes* zu finden ist. Mein schöner, roter, nicht gerade alter Ledersessel musste als Ersatz für das unter Verschluss gehaltene Katzenklo herhalten. Klar, lag ja auf der Hand! Ledersessel. Die Ähnlichkeit ist verblüffend.
Jedenfalls hatte sich Minka in ihrer Not ausgerechnet meinen tollen, superteuren Ledersessel ausgesucht. Damit es sich auch richtig lohnt und die Strafe für die Klobarrikade richtig sitzt.

Was konnte ich jetzt tun?

Der Einfachheit halber hier nun alle meine folgenden Versuche, den Geruch zu entfernen – in chronologischer Reihenfolge. Auf dass sich meine Fehler bei Ihnen, liebe Leserin, lieber Leser, um Gottes willen nicht wiederholen mögen.

1. **Warmes Wasser.**
   Großer Fehler. Niemals machen. Dadurch werden alle eingetrockneten und somit halbwegs eingeschlossenen Gerüche blumigst wieder freigesetzt, und Sie haben das Gefühl, Sie seien live dabei, wenn Ihre Katze gerade ihr Geschäft erledigt.
2. **Kaltes Wasser.**
   Nach dem warmen Wasser völlig sinnlos.
3. **Wasser und Seife.**
   Sie haben ein gutes Gefühl dabei. Und Hoffnung. Nachdem Sie alles trocken gerieben haben, ist der Geruch wieder da. Zusammen mit einer Spur Seifenduft.
4. **Wasser und Dr. Beckmanns Fleckenzeug.**
   Der leicht gelbliche Fleck ist danach weg, das rote Leder an der Stelle eher ein bisschen rosa und zum Urin-Seifen-Geruch gesellt sich ein dritter.
5. **Febreze.**
   Da können Sie auch mit bunten Tüchern versuchen den Geruch wegzutanzen. Haben Sie schon mal mit 'nem Knallfrosch versucht die Alpen zu sprengen?
6. **Anschreien.**
   Für Sie gut. Für den Geruch völlig ergebnislos.
7. **Alle Reinigungsmittel mischen und die verseuchte Stelle erbarmungslos bearbeiten.**
   Das rosa Leder löst sich komplett auf. Der Geruch bleibt.
8. **Den Teil des Sessel-Innenlebens, in den das Grauen gelaufen ist, herausschneiden und mit zwei Sofakissen von Oma wieder auffüllen.**
   Erfolgreich!

Bis Sie am nächsten Tag merken, dass der Geruch noch da ist, weil der Großteil des Urins natürlich durch den Sessel durchgelaufen und in den Teppich darunter gesickert ist. Und dort konnte er die ganze Nacht unbemerkt gären und auf Sie warten.

9. **Keine halben Sachen mehr. Teppichstück sofort rausschneiden.**
   Pragmatische und entschlossene Handlung. Leider nutzlos, da das Zeug weiter in die Dielen darunter gelaufen ist.
10. **Dielen entfernen.**
11. **Beton darunter aufbrechen und rausstemmen.**
12. **Mitteldecke zum Nachbarn darunter weghämmern und alles wieder neu verputzen.**
    Der Geruch bleibt. Sie geben auf.
13. **Ausziehen.**
    Das hilft.

Hatte ich nicht ganz zu Beginn erwähnt, dass Sie den Geruch nicht mehr aus der Nase kriegen? Daran erinnerte ich mich in dem Moment, als ich mich in der Wohnung meiner Eltern auf die Couch setzte und erleichtert tief Luft holte.

14. **Finger waschen!**

> Wussten Sie eigentlich, …
> dass das Katzenklo nicht mit chemischen Mitteln gereinigt werden sollte? Das kann Ihre Katze nämlich irritieren, und sie erledigt ihr Geschäft woanders.

CHRIS BOETTCHER

FRÄNGLISCH MIT LODDAR. AGAIN WHAT LEARNED!

UNTERHALTUNG	UNDERHOLDING
LODDARS TOP ZEHN DER MUSIKTITEL	***LODDAR'S TOP TEN OF MUSIC TITS***
1. Was soll das? (Herbert Grönemeyer)	*What shall this?*
2. Aber dich gibt's nur einmal für mich (Nilsen Brothers)	*But you gives it only one meal for me*
3. Kein Schwein ruft mich an (Max Raabe)	*No pig calls me on*
4. Wenn i mit dir tanz (Nicki)	*When I with you dance*
5. Hinter'm Horizont geht's weiter (Udo Lindenberg)	*Behind the horizon goes it wider*

6. Die da (Fanta 4)	*She there*
7. Da, Da, Da – Ich lieb dich nicht, du liebst mich nicht (Trio)	*There, there, there, I love you not, you love me not*
8. 10 Meter geh' (Chris Boettcher)	*Ten meters go*
9. Resi, I hol di mit meim Traktor ab (Wolfgang Fierek)	*Resi, I fetch you with my bulldog up*
10. Lebt denn der alte Holzmichel noch? (De Randfichten)	*Lives then the old Wood Michael still?*

LODDARS TOP ZEHN DER DEUTSCHEN FILMTITEL	***LODDAR'S TOP TEN OF GERMAN FILM TITS***
1. Bibi Blocksberg	*Bibi Block Mountain*
2. Simplizissimus	*I*
3. Heidi und ihre Freunde	*Beckenbauer's wife and her friends*
4. Im weißen Rößl	*In the white pony*
5. Homo Faber	*Gay Prosecco*
6. Kondom des Grauens	*Parisian of Horror*
7. Krankenschwestern-Report	*Ill sisters' report*
8. Lausbubengeschichten	*Louse boy stories*
9. Liebesgrüße aus der Lederhose	*Love greetings out of the leather shorts*

10. Lissi und der wilde Kaiser	*Lissi and the wild Beckenbauer*

MUSIK WAR MEINE ERSTE LIEBE

MUSIC WAS MY FIRST LAUGH

ICH MAG POPP-MUSIK!

I LIKE POP MUSIC!

Du kannst mich jagen mit den Kastelruther Spatzen.	*You can hunt me with the Castlerooder Sparrows.*
Ich schalt weg bei den Wildecker Herzbuben.	*I switch away by the Wild Corner Heart Boys.*
Ich steh nicht auf die Musik von Maria und Margot Höllenperücke.	*I don't stand on the music of Maria and Margot Hell-Whig.*
Ich bin kein Anhänger der Original Oberkrainer.	*I am no onhanger of the original Overkriners.*
Bist du nicht der Hansi Hinterseer?	*Are you not the Johnny Afterlaker?*
Nein, du bist der Hubert Karpfenteich!	*No, you are the Howard Carpendale!*
Oder bist du der Wolfgang Fiereck?	*Or are you the Wolf Gang Four Corner?*
Andy Borg mir was!	*Andy, lend me what!*
Meine liebsten Fernseh-Moderatoren sind Gottschalk und Jauch.	*My loveliest far-see-moderators are God Jerk and Cow Piss.*
Schaug hera, Schaug hera! (*bayerisch*)	*Shakira, Shakira!*

IN DER DISCO	***IN THE DISCOTHEQUE***
jmd. anmachen	*to make s.o. on*
Hey, mach mai Alde nedd an!	*Hey, don't make my old on!*
die bringt es voll	*she brings it full*
jmd. abschleppen	*to slap s.o. up*
Heut schlepp ich einen Hasen ab!	*Today I slap a rabbit up!*
jmd. aufreißen	*to rip s.o. up*
Heut reiß ich 'nen heißen Feger auf!	*Today I rip a hot broom up!*
jmd. anbaggern	*to digger s.o. on*
Schieber tanzen	*to dance a pusher*
Hosentürlwetzer *(besonders enger Tanz, Anm. d. Red.)*	*trouser door rubber*
Wie wär's mit 'nem kleinen Schäferstündchen?	*How was it with a little shepherd's hour?*
eine heiße Sohle auf's Parkett legen	*to lay a hot sole on the parquet*
das geht ab wie Schmidts Katze	*that is going off like smith's cat*
Du bist nicht von schlechten Eltern!	*You are not from bad parents!*
Ich hab die goldene Tanznadel.	*I have the golden dance needle.*
Du solltest mal einen Tanzkurs machen!	*You should once make a dance course!*
Holla, die Waldfee!	*Holla, the woodfairy!*

Ü-40-Party	*over-fourty-party*
Geschmacksverirrung	*taste error*
Restevögeln	*rest birding*
Disco-Fuchs	*disco fox*
Ich bin ein alter Disco-Fuchs.	*I am an old disco fox.*
Rüscherl-Time	*decoration flower time*
Ziemliche Bauerndisco hier!	*A quite farmer disco here!*
Hier is voll die tote Hose.	*Here is full the dead trousers.*
Hier geht richtig die Post ab!	*Here goes right the mail off!*
Türsteher	*Doorstander*
Stell dich gut mit dem Türsteher.	*Put you good with the doorstander.*
Lass uns um die Häuser zieh'n!	*Let us draw around the houses!*
Du musst die Feste feiern, wie sie fallen.	*You must the parties fire how they fall.*
Fräulein nasses-Oberteil-Wahl	*Miss wet-t-shirt-whale*

BEIM ESSEN	BY THE EATING
Guglhupf	*google jump*
Auszogne	*stripped ones*
Sacher-Torte	*thinger cake*
Plätzchen	*little place*

Nussecke	*nut corner*
belegtes Brötchen	*occupied little bread*
Bienenstich	*bee stitch*
Schwarzwälder Kirschtorte	*blackwood cherry cake*
Hörnchen	*little horn*
Wiener Würstchen	*vienna sausage*
Leberkäse	*liver cheese*
Obazda	*onbuzzed*

Ich hab einen Hunger wie ein Wolf.	*I have a hunger how a wolf.*
Hmm, mir läuft das Wasser im Mund zusammen.	*Hmmm, me runs the water in the mouth together.*
Sie haben hier eine gute Küche.	*They have here a good kitchen.*
gutbürgerlich	*good citizenly*
Es ist ein hübsches Lokal.	*It's a pretty local.*
... und so gemütlich	*... and so mindly*
Ich bin ein Feinschmecker.	*I am a fine-smacker.*
Was steht heute auf der Karte?	*What stands on the card today?*
Welches Gericht nimmst du?	*What court do you take?*
Ich will Guglhupf zum Nachtisch.	*I want google jump for after table.*

Und noch eine Sacher-Torte. *And still a thinger cake.*

Aber als Hauptgericht nehm ich Leberkäse. *But as main court I take liver cheese.*

Dazu eine große Limonade und eine Halbe Bier. *There to a stretch limo and a half beer.*

Nein, ich nehm eine ganze Maß. *No, I take a whole mass.*

Bist du mit den Öffentlichen hier? *Are you with the publics here?*

Nein, ich bin mit dem Auto da. *No, I am with the car there.*

Du gehst besser zu Fuß heim. *You go better to foot home.*

Wenn sie dich erwischen, musst du blasen, *When they hesweep you you must blow,*

und dann gibt's Punkte in Flensburg. *and then it gives points in Cry Castle.*

LODDARS SCHATZKÄSTCHEN NÜTZLICHER REDEWENDUNGEN

LODDAR'S SWEETHEART LITTLE BOX OF NUTTY TALK TURNS

Ich glaub, ich spinne. *I believe I spider.*

Schwamm drüber! *Sponge over!*

So bin ich einfach. *So am I simple.*

Mir geht's nass nei. (*bayer.*) *Me goes it wet in.*

Schmerz, lass nach. *Pain, let after.*

Guter Rat ist teuer. *Good bicycle is expensive.*

Das ist saudumm gelaufen. *This is pigstupid run.*

Kein Thema!	*No theme!*
Meine Rede!	*My speech!*
Herrschaftszeiten! (*bayer.*)	*Dominance times!*
Guter Einwand.	*Good one wall.*
Das ist einwandfrei.	*That is one wall free.*
Ich bin echt geladen!	*I am really electric!*

Nimm das nicht auf die leichte Schulter!	*Don't take this on the easy shoulder!*
Es ist höchste Eisenbahn.	*It's highest railway.*
Das ist ein feiner Zug von dir!	*It's a fine train from you.*
Du grinst wie ein Honigkuchenpferd.	*You grin like a honey-pie-horse.*
Da hast du wieder Schwein gehabt!	*There have you again pig had!*
Das war nicht das Gelbe vom Ei.	*That was not the yellow from the egg.*
Geben Sie's zu, Sie sind ein Schwarzfahrer.	*Give it too, you are a blackdriver.*
Es läuft mir eiskalt den Rücken runter.	*It runs me icecold the back down.*
Ich werd den Teufel tun!	*I will the devil do!*
Mein lieber Herr Gesangsverein!	*My dear mister singing club!*
Schick dich ein bisschen.	*Send you a bit.*
zwei Fliegen mit einer Klappe schlagen	*to hit two flies with one clap*
Ich hab meine Zeit nicht gestohlen.	*I have my time not stolen.*

Geh mir nicht auf die Nerven!	*Don't walk me on the nerves!*
Da geht nix drüber.	*There goes nothing over.*
Mir geht ein Licht auf.	*Me goes a light on.*
Du bist schwer in Ordnung.	*You are heavy in order.*
Da könnte ja jeder kommen!	*There could yes come everybody!*
Immer mit der Ruhe.	*Always with the silence.*
Fang endlich an!	*Catch endly on!*
Mach die Tür zu, es zieht.	*Make the door to, it pulls.*
Das ist mir so was von wurscht!	*That is me so what from sausage!*
Ich pfeif schon aus'm letzten Loch.	*I whistle already out of the last hole.*
Ich bin mit meinem Latein am Ende.	*I am with my Latin on the end.*
Ich wünsch dir eine fröhliche Weihnacht.	*I wish you a happy wine eight.*
Es hört einfach nicht auf zu regnen.	*It hears simply not up to rain.*
Das interessiert mich überhaupt nicht!	*That interests me overmain not!*
Jetzt schaust du dumm aus der Wäsche!	*Now you look stupid out the laundry!*
Das hab ich mir selbst beigebracht.	*That have I me self by brought.*
Wie ein Schluck Wasser in der Kurve.	*Like a sip of water in the curve.*

Ich bin total aus dem Häuschen.	*I am totally out of the little house.*
Da ist ganz schön die Kacke am Dampfen.	*There is whole beautiful the shit steaming.*
Ruhe im Karton!	*Silence in the box!*
Ein alter Mann ist kein D-Zug.	*An old man is not a D-train.*
mit allen Wassern gewaschen	*with all waters washed*
Da bist du auf dem Holzweg.	*There are you on the woodway.*
Das war voll für den Arsch.	*That was full for the ass.*
Rühr dich, wenn es so weit ist.	*Stir you when it so far is.*
Das ist alles halb so wild.	*That is everything half so wild.*
Ich sag's kurz und prägnant.	*I say it short and pregnant.*
Das schießt den Vogel ab!	*That shoots the bird off!*
Mir fällt ein Stein vom Herzen.	*Me falls a stone from the heart.*
Mach dir keinen Kopf!	*Don't make you a head!*
Ich versteh bloß Bahnhof.	*I understand only train station.*
Schäm dich was!	*Shame you what!*
Reiß dich endlich zusammen.	*Zip you finally together.*
Ich war auf der Oberschule.	*I was on the waiter school.*

Ich bleib am Ball.	*I stay on the ball.*
eine Rede schwingen	*to swing a speech*
Holzauge, sei wachsam!	*Wood-eye, be careful!*
Nachtigall, ick hör dir trapsen!	*Nightingale, I hear you hopping!*
Ich nehm's auf meine Kappe.	*I take it on my cap.*
Ich halt dich auf dem Laufenden.	*I hold you on the running.*
Das gibt's ja nicht!	*That gives it yes not!*
Das geht auf keine Kuhhaut.	*That goes on no cow skin!*
Bind mir keinen Bären auf!	*Don't bind me a bear up!*
Ich hab viel um die Ohren.	*I have much around the ears.*
Doppelt hält besser.	*Double holds better.*
Bitte drücken Sie sich deutlicher aus.	*Please press you exactlier out.*
Und ich schaute mit dem Ofenrohr ins Gebirge.	*And I looked with the oven pipe into the mountains.*
Ich hab immer den richtigen Riecher.	*I have always the right smeller.*
Jetzt mal ganz ehrlich unter uns Betschwestern!	*Now very honest under us praying sisters!*
Das darf aber jetzt nicht wahr sein!	*This may but now not be true!*
Ich kann dir keinen Wunsch abschlagen.	*I can hit you no wish down.*
Zu ziehst ganz schön vom Leder.	*You pull whole beautiful from the leather.*

Sach ma: hast du einen fahren lasssen?	*Say once: have you let one drive?*
Können Sie bitte kurz auf mein Gebäck achtgeben? (*Fränglische Besonderheit*)	*Can you please shortly give eight on my biscuit?*
Wie sieht es denn hier wieder aus?	*How looks it then here again out?*
Das geht mir echt an die Nieren.	*This goes me really on the kidneys.*
Ich will nicht lange in der Warteschlange stehen.	*I don't want to stand long in the waiting snake.*
Ich steh mir hier die Beine in den Bauch.	*I stand me here the legs in the belly.*
Du schaust wie a Eichhörnchen, wenn's blitzt.	*You look like a squarrel when it flashes.*
Jetzt mal Butter bei die Fische.	*Now butter by the fishes.*
Ich riech den Braten.	*I smell the steak.*
Oberwasser haben	*to have upper water*
jemanden nachäffen	*to monkey somebody after*
Ich geb mir gleich die Kugel.	*I give me equal the ball.*
Da hast du die Bescherung!	*There you have the Christmas!*
etwas über den Haufen werfen	*to throw something over the heap*
der Hahn im Korb sein	*to be the cock in the basket*
Ich leb nicht hinterm Mond.	*I live not behind the moon.*
Ich fühl mich total gerädert.	*I feel me totally bicycled.*

in diesem Zusammenhang	*in this togetherhang*
Ich seh schwarz für dich.	*I see black for you.*
Wo kommen wir denn da hin?	*Where come we then there to?*
Ich schmeiß mich weg!	*I throw me away!*
Ich hab wirklich keinen Bock.	*I have really no capricorn.*
Ich trau mich nicht.	*I marry me not.*
Was haben wir gelacht!	*What have we laughed!*
Ich lach mir einen Ast.	*I laugh me a branch.*
Da kannst du Gift drauf nehmen!	*There can you take gift on it!*
auf keinen Fall	*on no fall*
ein Wechselbad der Gefühle	*a change-bath of emotions*
um die Ecke denken	*to think around the corner*
Man lernt niemals aus.	*Man learns never out.*
Was hältst du davon?	*What hold you from this?*
Es war sehr un-an-geh-nehm.	*It was very un-on-go-take.*
Des passt scho! *(bayer.)*	*It fits already!*
klipp und klar	*cliff and clear*
Bist du auch Ungar?	*Are you too hungy?*
Jetzt wird's eng.	*Now becomes it narrow.*
Ich bin total von den Socken!	*I'm totally from the socks!*
Jetzt haben wir den Salat.	*Now we have the salad.*
Das find ich auch!	*That find I also!*

viel Rauch um nichts	*a lot of smoke around nothing*
Wie geil ist das denn?	*How horny is that then?*
So ein Sauwetter!	*So a pig-weather!*
Er ist besser als sein Ruf.	*He is better than his shout.*
Nichts für ungut!	*Nothing for ungood!*
Es ist sehr ursprünglich hier.	*It is very clockjumply here.*
Man sollte es nicht für möglich halten.	*Man should it not for possible hold.*
Das macht das Kraut auch nicht mehr fett.	*That makes the crowd also not more fat.*
Da liegt der Hase im Pfeffer.	*There lies the rabbit in the pepper.*
Ich hab im Moment viel um die Ohren.	*I have in the moment much around the ears.*
Ich genieß mein Leben in vollen Zügen.	*I enjoy my life in full trains.*
Du strahlst wie ein Honigkuchenpferd.	*You beam like a honey-cake-horse.*
Ich weiß, wie der Hase läuft.	*I know how the rabbits runs.*
Ich krieg's wirklich nicht gebacken.	*I really don't get it baked.*
Ich hab zurzeit ziemlich Stress an der Backe.	*I have to time quite stress on the cheek.*
Da drüber könnt ich mich totlachen.	*Thereover I could me deadlaugh.*
Da stehen mir alle Haare zu Berge.	*There stand me all hairs to the mountains.*

Mein Englisch macht mir so schnell keiner nach.	*My english makes me so fast nobody after.*
Entschuldigung, ich hab's ein bisschen eilig.	*Sorry, I have it a little bit eggly.*
Wir kommen in Teufels Küche.	*We come in devil's kitchen.*
Jetzt ist der Ofen aus.	*Now is the oven out.*
Ich bin sauschlecht drauf.	*I am pigbad on it.*
Das kommt überhaupt nicht in die Tüte.	*That comes overhad not in the bag.*
Du kannst mir den Buckel runterrutschen.	*You can slide me the back down.*
Das geht dich einen feuchten Dreck an.	*That goes you a wet dirt on.*
Mach hier keinen auf dicke Hose.	*Don't make here one on thick trouser.*
Mach nicht so ein Affentheater.	*Don't make such a monkey theatre.*
Mein lieber Freund und Kupferstecher.	*My dear friend and copper stitcher.*

MICHAEL MITTERMEIER

ACHTUNG BABY!

IM LAND DES LÄCHELNS

Frischgebackene Eltern kamen mir früher immer vor wie frischgebackene Nichtraucher. Die sind ähnlich hibbelig, überdreht freudig, mitteilungsbedürftig, immer gepaart mit angrenzender Realitätsstörung. Frische Eltern wollen immer ihre neue Daseinsform als das Nonplusultra verkaufen. Wie auf Knopfdruck ertönen aus ihren Mündern Sätze wie: »Alles ist so anders, ich bin so glücklich!«
Aber du hast dabei immer das Gefühl, dass da irgendetwas nicht stimmt. Stell mal jungen Eltern die Gretchenfrage: »Habt ihr gestern Nacht geschlafen?«
»Nein, aber es ist sooo schööön.«
»Du siehst aber nicht danach aus.«

Junge Eltern kontern so was Destruktives mit dem Universalargument der menschlichen Fortpflanzung. Sie stellen sich vor dich hin, die Augenringe reichen bis unterhalb der Brustnippel, die Stimme ist brüchig, ein Lufthauch

Wahnsinn umweht die Szenerie, und dann setzen sie zum Glaubensbekenntnis aller Eltern an: »Es schreit zwar viel, aber wenn es dich dann einmal anlächelt, dann kriegst du alles wieder zurück!«

Was kriegst du dann zurück? Alles Böse, was du je in deinem Leben getan hast? Das mit dem Lächeln ist wirklich zentral für Eltern. Sie erinnern sich ein ganzes Leben lang an das erste Lächeln ihres Kindes. Und anscheinend warten alle Eltern darauf. In den ersten Wochen haben Babys ja noch keine richtige Mimik oder Gesichtsmotorik. Das ist mehr so oktoberfestmäßig, zwei, drei Maß, und ab das Gesicht. In Bayern wird das »froaseln« genannt. Das kommt von »Fratzen ziehen«. Anfangs machen Babys nur Zufallsgrimassen, auch wenn es so aussieht, als ob es bewusst wäre, aber ab der achten Woche lernen sie die Anordnung ihrer Gesichtsmuskeln mit der ekstatischen Reaktion darauf zu verbinden. Vor einigen Jahren bekamen Freunde von mir ein Baby. Ich Outsider war bei ihnen zu Besuch zum Babygucken, und der Kleine war mittlerweile etwa sieben Wochen alt. Beide warteten schon seit einiger Zeit auf das »erste richtige Lächeln«. Es wirkte wie das Warten auf eine Offenbarung: »Wir werden die Schmerzen der Schlaflosigkeit ertragen, bis der Lächler Gottes uns erlösen wird. *Aber:* Nur das erste jungfräuliche Lächeln hat die Kraft zur Reinigung.«
Es kam mir ein bisschen spooky vor. Nach ein paar Minuten gaben sie mir den Kleinen in die Hände und sagten: »Da, kannst auch schon mal üben, ha ha.«
»Danke.«

Da habe ich mir gedacht, jetzt mach ich mal einen Return-Spaß! Als die beiden Eltern kurz draußen waren und ich mit dem Kleinen im Wohnzimmer saß, rief ich in die Küche: »Wow, der Kleine hat mich angelächelt!«

Die Mutter sprang rein und schrie: »Gib mir sofort mein Kind her! Kleines, lach noch mal für die Mama!«
Hat es leider dann für einige Wochen nicht.
»Du Schwein, du hast uns sein erstes Lächeln genommen!«
Aber es hat sie dann doch interessiert: »Wie hast du das gemacht?«
Ich konnte mich dann gerade noch mit meinem Beruf rausreden: »Ich bin Komiker, Leute zum Lachen bringen ist mein Job!«
Die beiden glauben leider bis heute nicht, dass das nur ein Spaß war.

URLAUB OHNE

Ich werde mittlerweile oft gefragt: »Du hast doch auf der Bühne immer Nummern gegen Kinder gemacht, wieso habt ihr denn jetzt selber eins bekommen?«
Da haben wohl einige etwas nicht ganz verstanden. Ich habe nie Nummern *gegen* Kinder gemacht. Ich liebe Kinder, und das auch schon immer. *Gegen* Kinder Nummern zu machen wäre gegen meine Natur, da ich mich eigentlich noch immer nicht zu den komplett Erwachsenen zähle. Wenn Leute zu mir sagen, »Mittermeier, du wirst ja nie erwachsen« – danke für das Kompliment. Ich hoffe, dass ich mir auch als Vater das Kind in mir nicht austreiben lasse. Ich hatte in meinen letzten Bühnenprogrammen über Kinder und Eltern gesprochen, aber meist in Geschichten, die mein Leben als Kinderloser in der heutigen Zeit beschrieben. Ich kam mir oft als Ausgestoßener vor. Jeder Kinderlose kennt das, man sitzt mit einigen Eltern am Tisch, und dann wird nur erzählt, dass Kinder das Tollste im Leben seien, eine Bereicherung, ein Zugewinn, ein Segen badababadababadaba … Es kommt einem eher so vor, als ob man

in ein Treffen der Zeugen Jehovas geraten ist, die schon froh sind, dass sie jetzt Klinken putzen dürfen und nicht mehr am Hauptbahnhof neben dem Bahnhofsklo Leute anquatschen müssen. Ein Satz kommt dann auch immer: »Ihr solltet auch Kinder haben.«

Junge Eltern haben meist ein sehr ausgeprägtes Missionierungsbedürfnis. Dagegen ist die katholische Kirche eine Vereinigung der Anonymen Selbstzweifler. Ich mag ja grundsätzlich keine Bekehrungsversuche. Ich war zum Beispiel nie ein Fan der Kreuzzüge. Ich finde auch, dass die Heilige Inquisition der katholischen Kirche argumentativ ein bisschen schwach auf der Brust war. Aber wollen Eltern wirklich andere überzeugen, Kinder zu machen, weil sie selbst so überzeugt davon sind, oder ist es mehr der Drang, möglichst viele Gleichgesinnte für das eigene Schicksal zu finden? Für kinderlose Paare ist es nervig, dass jeder erwartet, dass nach einiger Zeit Beziehung auch Nachwuchs kommt. Oft kam dann noch dieser depperte Satz: »Geht's net?«
Was soll man auf so was antworten? Radikale Fragen fordern radikale Antworten heraus. Wenn die Freunde mal wieder drängen, »hey, wie schaut es denn bei euch aus mit Kindern?«, gibt es einen effektiven Trick, die Diskussion schnell zu beenden. Einfach sagen: »Wir können keine Kinder kriegen.«

Ich garantiere, die Stimmung ist im Arsch! Und dann gebt ihr ihnen den Rest: »Wir können keine Kinder kriegen, weil … wir unsere Karibikreise für nächstes Jahr schon gebucht haben. Vamos a la Playa, la la la la! Vier Wochen rumreisen ohne Zwänge, da bleiben, wo es einem gefällt, die Welt da draußen ist so schön. Wo fahrt ihr Eltern denn hin?«

»Cluburlaub im Familienhotel in Österreich.«
»Auch schön.«
»Die sind total auf Kinder eingerichtet.«
»Wow!«
»Und wir machen auch Ausflüge!«
»Klar.«
»Da kann man in einem Naturpark wandern, und die haben auch einen Streichelzoo.«
»Ich lasse mir das mal durch den Kopf gehen, wenn ich am Bacardi-Strand liege, nach oben gucke und warte, bis die Kokosnuss runterfällt.«
»Grrrrr.«

Touché. Urlaub ist für viele Eltern ein Reizthema. Da kann die Liebe zu den Kindern noch so groß sein. Das Wort Familienurlaub klingt wie eine Drohung. Da kommt etwas ganz großes Schlimmes. Familienurlaub – der Friedhof der Reiseträume. Aber viele Eltern haben einen automatisierten Verteidigungsmechanismus, es ist Zeit für das Anti-Fernreise-Eltern-Mantra: »Wir holen das alles nach, wenn die Kleinen aus dem Gröbsten raus sind.«

Das unechte Lächeln hängt in der Luft wie eine vergessene Weihnachtskugel an einem verdursteten Christbaum. Und wenn man genau hinhört, kann man tief in ihrem Inneren ein leises Schluchzen wahrnehmen. Eingesperrt in die vergessenen Verliese der Hormonburg fristet es ein einsames Dasein. Tief im Kerker der verdrängten Gefühle zerrt etwas an den Ketten. Hat schon mal jemand Eltern getroffen, die später wirklich die Reisen gemacht haben, die sie mit Kindern nicht mehr unternehmen konnten?

Ich spüre natürlich die unterschwelligen Schwingungen meiner natürlichen Feinde: »Jetzt mit Kind kann er auch nicht mehr so, wie er will, he he he.« Jopp! Gutes Argument. Touché zurück. Ich habe mir auch schon mal einen Grabstein auf dem obengenannten Friedhof ausgesucht. Ja, Globetrotter-Michl, es ist vorbei, rien ne va plus, finito. Meine Frau und ich sind ja in den vergangenen 15 Jahren viel in der Weltgeschichte rumgereist und haben am liebsten in ganz kleinen kuscheligen Lodges übernachtet, nicht in irgendwelchen Hotelbunkern. Klein, fein, ruhig. Oft war ein Auswahlkriterium: »No children under twelve allowed!« Das ist ein Gütesiegel wie »Made in Germany«, da weiß man, was man hat. Ruhe am Pool und kein Besuch von Kevin und seinen Spielgesellen. Das waren noch Zeiten. Damals vor dem Krieg. Ich traue mich jetzt auch nicht, bei unseren früheren Urlaubs-Locations anzurufen und zu fragen: »Wir haben bei Ihnen schon mal gewohnt, gilt da dann diese Regel auch?«

»Jopp!«

»Unsere Tochter ist ganz brav!«

»Ist sie unter zwölf?«

»... na ja, etwas.«

»Hmmm.«

»Okay, dann halt nicht.«

ABENTEUER SPIELPLATZ

Es gibt aber auch Orte, zu denen man besser nur *mit* Kindern fährt: Gehe nie als Kinderloser auf einen Kinderspielplatz! Tu es nicht! Da hast du nichts zu suchen! Das ist, als ob ein verletztes Gnu auf ein Löwenpicknickgelände spazieren würde. Die wittern es sofort und greifen an – ich meine natürlich die Mütter. Die spüren, dass du kein Kind hast. Die schauen dich nur einmal an, saugen kurz die Luft ein und sagen dann: »Dieser Loser hat noch nicht gezeugt.«

Als ich vor einiger Zeit, noch kinderlos, mit meinem vierjährigen Patenkind in Berlin auf einen Spielplatz gegangen bin, wurde ich kurz gescannt, und dann war die Diagnose klar: »Ein Mann, der noch nicht gezeugt hat, allein mit Kind, der ist schwul und hat die adoptiert.« Du sitzt dann da unter Müttern und fühlst dich wie – um mit Karl May zu sprechen – »Unter Geiern«.

Es war für mich ein schräges Erlebnis, als ich mich da zum ersten Mal seit wohl 30 Jahren auf einem Kinderspielplatz befand. Das ist eine völlig neue Welt. Ich betrat Caprona und staunte. Spielplätze sind ja nicht mehr wie früher. Als ich ein Kind war, da war ein Kinderspielplatz ein größerer Sandhaufen. Die Eltern haben einen reingesetzt und gesagt: »Mach einen Sandkuchen, iss ihn auf, sei still, und passt scho!«

Spielplätze heute, das sind Indiana-Jones-Abenteuergelände, mit drei Meter hohen Palisadenwänden, wackelnden Hängebrücken, Kletterschnickschnack und Spiralenrutschen. Ich stand da mit meinem Patenkind und dachte, die lass ich hier niemals hoch. Ich habe das Gefühl, dass Abenteuerspielplätze von Kinderhassern entworfen werden. Die sitzen daheim am Zeichentisch und lächeln leise vor sich hin: »Keines wird überleben!«

Berliner Kinder sind allerdings irgendwie anders. Die sind taffer als andere Kinder. Da laufen Fünfjährige rum, bei denen denkt man sich, die haben sicher schon mal ein Haus besetzt. Die sind offensiver. Einer sprach mich an: »Hey, du Großer, ick bin der Paul, wa!«
»Hallo, Paul Wa. Da hast du ja einen schönen Nachnamen.«
Er hat den Joke natürlich nicht verstanden, wa. Und Paule fragte mich: »Soll ick dir was zeigen?«

»Ja, Paul, was kannst du denn Schönes?«
»Kiek mal!«
Er sprang auf ein Stück Holz und wieder runter. Und ich war einfach ehrlich: »Hey, Paul, das kann jeder Analphabet mit fünf!«
Ja, im Nachhinein hat es mir auch leidgetan. Als Kinderloser findet man nicht die richtigen Worte für schöne Lügen. Das ist der Vorteil, wenn man keine Kinder hat: Man darf noch gemeine ironische Gedanken über Kinder haben, ohne dabei denken zu müssen »mein Gott, es könnte meins sein, lass ihn doch« – also ohne schlechtes Gewissen. Und man ist noch einigermaßen immun gegen flehende Kinderaugen. Eltern hingegen verlieren den Verstand, wenn ihre Kinder sie anblicken, als ob die Welt zusammenbricht, und dann eine perfekte Schweinchen-Babe-Parodie hinlegen: »Willst du meine Mama sein?«

Aber auch Kinderlose haben ein Herz. Auf diesem Spielplatz in Berlin bekam ich eine Zukunftsvision: Ich werde irgendwann einmal mit meinem eigenen Kind auf einen Spielplatz gehen, und dann gibt es für mich die Erlösung. Die Mütter werden mich als rechtmäßigen Vater erkennen, und ich werde feierlich in den fruchtbaren Teil der Gesellschaft aufgenommen. Sie werden Blumen werfen und Lobgesänge auf meine Vermehrung anstimmen. Nachts darauf hatte ich einen Albtraum: Ich ging an einem Dienstagnachmittag mit meinem eigenen Kind auf den hiesigen Spielplatz und drehte siegessicher mit dem Kinderwagen meine Runden. Meine Kreise hinterließen schon einen elliptischen Trampelpfad, doch die Mütter beäugten mich weiterhin skeptisch und steckten tuschelnd ihre Köpfe zusammen. Der Angriff stand kurz bevor. Plötzlich ergriff die Mutterführerin (darf man das so sagen?) das Wort und ließ meine Vision zerplatzen wie eine Seifenblase auf einem

Kinderigel-Geburtstag: »Wahrscheinlich ist das einer, der seine Frau schon schwanger verlassen hat und jetzt unter der Woche mit dem Kind auf den Spielplatz geht, weil er am Wochenende mit seiner 19-jährigen Freundin zum Liebeswochenende nach Barcelona fliegt. Das ist keiner von uns!«
Ja, ein Spielplatz ist kein Kinderspielplatz. Mütter sind nicht wie bellende Hunde. Die wollen nicht nur spielen! Ich fragte mich, gibt es eigentlich den Film »Unter Geiern II«?

UNTER BAYERN

Wenn meine Frau und ich früher nach zwei Wochen Urlaub wieder heimkamen, empfing uns oft die fürsorgliche Erwartungshaltung von Freunden und Familie: »Und???«
»Was, und?«
»Habt's eins gemacht?«
Ich weiß auch nicht, was die alle immer geglaubt haben. Dass wir in den Urlaub fahren – und dann zwei Wochen jeden Tag 24 Stunden in die Hängematte und Hurraxdax, bis die Hebamme kommt? Beim Nachwuchsthema nervten am meisten die eigene Familie und die nähere Verwandtschaft. In Bayern hat das mit dem Nachwuchs ja immer noch so eine archaische Komponente. Bei uns steht die gesamte Verwandtschaft bei der Hochzeitsnacht ums Schlafzimmer herum und schlägt auf großen Trommeln den Fruchtbarkeitsrhythmus: »Bongo bongo bongo! Hö hö hö! Heilige Maria, Mutter Gottes, hilf ihnen in dieser schweren Stund'! Bongo bongo bongo! Hö hö hö!«

Was sich da für ein Druck aufbaut! Ich habe von Paaren gehört, die sich wie in Trance ins Schlafzimmer begeben haben und dann im Takt der Trommeln loslegten: »Einen für die Oma, einen für den Opa, einen für die Mama, einen für den Papa ...«

Und das ging so lange, bis die ganze Verwandtschaft durch war. Selbst weitläufig entfernt verwandte, fünftgradige Tanten und Cousinen von Tanten wurden in dieses Ritual mit eingebaut. Da kommt schon ein kleines Dorf zusammen. Wenn man in Bayern verheiratet ist, gibt es auch keine wirkliche Entscheidungsfreiheit mehr, ob man Kinder haben will. Man hat Kinder zu kriegen. Alles andere wäre unbayrisch. Oder schwul oder kommunistisch. Es gibt kein Entkommen vor den Zeugungsaufrufen der Familie. Manchmal läuten am Samstag um acht Uhr morgens die Zeugen Kinders, um über Gott und die Fruchtbarkeit zu sprechen.

Es gibt eine Geschichte, die das alles gut zusammenfasst. Sie hat sich wirklich so zugetragen und soll einen kleinen Einblick in die Gemütswelt eines bayrischen schwulen Kommunistenpärchens geben. Gudrun und ich waren 2003 zur Taufe des zweiten Kindes von Gudruns Bruder eingeladen, der mit seiner Frau aber erst fünf Jahre zusammen war. Wir hatten es bis dato schon auf dreizehn Beziehungsjahre gebracht – ohne Kind, wohlgemerkt. Alle Verwandten, die uns anblickten, hatten so was Musterndes im Blick. Ich hatte ähnlich intensives Anstarren nur einmal gesehen, nämlich in dem Film »Invasion der Körperfresser«. Da beäugten die von einem außerirdischen Virus veränderten Menschen alle anderen, die den Anschein machten, dass sie noch nicht »umgedreht« worden waren. Trotzdem hielten sich alle noch mit Baby-Kommentaren zurück. Ich wusste, da kommt noch was ganz Großes. Und tatsächlich: Alle unausgesprochenen Kommentare entluden sich in einem ganz bestimmten Moment. Wir standen

in der Kirche, der Pfarrer war mitten in der Taufzeremonie, und während des eigentlichen Taufvorgangs drehte sich mein Schwiegervater zu mir um und fragte: »Und, Michl? Host genau hingschaut, wia des geht?!«
Was willst du deinem Schwiegervater in so einem Moment antworten? So was wie: »Nein, wir ficken noch so rum?«

Gut, ich habe es gesagt. Ich gebe gerne zu, das war eine blöde Idee in der Kirche. Der Pfarrer war verstimmt und mischte sich ein: »Mäßigt euren Wortschatz im Hause des Herrn, ihr wollt doch auch mal eure Kinder hier taufen lassen.«
Ich konterte mit: »Sie können bei dem Thema eh nicht mitreden.«
Mein Schwager grätschte verbal von der Seite rein: »Du ja anscheinend auch nicht. Geht's nicht?«
Ich deutete zum Taufbecken: »So einen wie den will ich auch gar nicht! Nimm deinen Kevin wieder mit!«
Es war eine super Taufe. Mein Glück war, dass mich als Komiker eh keiner groß ernst nimmt. Und hinzu kam, dass viele dachten: Was willst du von einem schwulen Kommunisten auch anderes erwarten?

An alle Kinderlosen da draußen, die von ihrer Familie und Verwandtschaft unnachgiebig zeugungsauffordernd bedrängt werden: Es gibt Möglichkeiten, ein bisschen Spaß in die Diskussion zu bringen. Versucht nicht, Ausreden zu finden, »wir warten noch« etc., das ist alles Kinderkacke. Angriff ist die beste Verteidigung. Später auf der Tauffeier, etwa 19 Babydiskussionen später, haben Gudrun und ich uns für folgende Aktion entschieden: Wir sind zusammen auf die Toilette gegangen, so, dass es alle mitbekommen haben. Dort haben wir uns am Waschbecken Wasser in die Haare und ins Gesicht gespritzt, ein bisschen hyperventi-

liert, die Luft angehalten, bis der Kopf rot wurde, die Hose aufgemacht, das Hemd raushängen lassen – dann sind wir mit Siegerpose in den Saal zurückgekehrt: »Hey, wir glauben, das war's, jetzt ist es so weit, hat jemand einen Schwangerschaftstest dabei?«
Es kuriert nicht, bringt aber eine Linderung der Leiden.

ARSCHLOCHKINDER

Es heißt oft, Kinder seien unsere Zukunft. Ich bin manchmal skeptisch, wenn ich im Fernsehen so was wie die »Supernanny« sehe. Diese Kinder zahlen mal meine Rente? Ich glaube eher, ich zahle deren Knastaufenthalt, wenn die mal älter sind! Supernanny, das ist die GSG 9 der RTL-Kindereingreiftruppe. So wie im normalen Leben, wenn es brennt, dann kommt die GSG 9. Warum heißen die eigentlich GSG 9? Grenzschutzgruppe 9? Haben die nur neun Mann? Oder ist das die neunte Auswahl? Was soll das denn? Wenn ich eine First-Class-Truppe brauche, nehme ich doch die GSG 1! Was wäre denn das überhaupt für ein Befehl? »Ja, die ersten acht haben versagt, schickt die Neuner-Losergruppe rein!«

An dieser Stelle noch eine Frage: Wo wohnen eigentlich all die Kinder, die die Supernanny geheilt hat? Ich warte noch auf die Nachfolgeserie »Supernanny – The Next Generation«. Glaubt eigentlich jemand an so schöne Supernanny-Erziehungsstrategien wie: »Du warst böse, jetzt gehst du auf die stille Treppe.« Was ist denn eine stille Treppe? Gibt es sonst wirklich Leute, die im Treppenaufsatz ihr Bose-Soundsystem eingebaut haben? Mit Trittaktivierung? Ich habe mal von einer Seufzerbrücke in Venedig gehört. Stehen da die ganzen verzweifelten Eltern, deren Kinder die stille Treppe nicht gefunden haben?

»Du warst böse, jetzt gehst du auf die stille Treppe.«
Das ist auch eine super Ansage! Da hat er aber Angst, der kleine Dustin, der mit seinem Butterflymesser schon zwei Tankstellen überfallen hat. Ich glaube, wenn so ein kleiner Kinderzimmer-Osama aufmuckt, braucht der eine klare Ansage. Wenn die Mutter von Dieter Bohlen früh genug zu ihm gesagt hätte: »Halt deinen Mund, wenn nur Scheiße dabei rauskommt!«, hätten wir heute ein Problem weniger.

Nicht alle Kinder sind unsere Zukunft. Ich zweifle daran, dass Arschlochkinder unserer Menschheit einen Schubs in die richtige Richtung geben. Ich kann die Empörung spüren – Arschlochkinder, so was sagt man nicht. Doch! Nein! Doch! Nein! Wohl, du bist blöd!!!
In meinem Bühnenprogramm »Back to Life« habe ich im Jahr 2000 erstmals die Arschlochkindtheorie vorgestellt. Ich bin bis zum heutigen Tag auf keine andere Nummer so oft angesprochen worden. Anscheinend habe ich einen Nerv bei vielen Menschen getroffen, der schon lange wehtat. Aber nie bin ich für diese »Arschlochkindnummer« beschimpft worden! Besonders häufig wurde ich tatsächlich von Eltern angesprochen mit Sätzen wie: »Michl, mit den Arschlochkindern da hast du ganz recht. Gut, dass das mal jemand anspricht. Wir haben Bekannte, und deren Kinder sind solche Arschlochkinder.«

Ich kann mich erinnern, dass so was in der Art auch die Eltern zu mir gesagt haben, deren Kind für mich damals ein Mitgrund war, diese Theorie aufzustellen. Nur ein einziges Mal kam ein Pärchen nach einer Vorstellung zu mir und fragte: »Woher kennst du unser Kind?«
Ich weiß nicht, was aus denen geworden ist, aber es heißt ja, dass Selbsterkenntnis der erste Schritt zur Adoptions-

freigabe ist. Im Folgenden möchte ich noch mal für alle Eltern und Kinderlosen darlegen, was es mit Arschlochkindern so auf sich hat:

Vor vielen Jahren, als ich ein aufstrebender junger Mensch war, der sich noch gar nicht vorstellen konnte, ein Kind zu bekommen, saß ich in meinem unterirdischen Labor. Über Jahre hinweg hatte ich geforscht, aber Hunderte von Feldversuchen an Mäusen und Ratten hatten mich nicht weitergebracht. Auch meine Berechnungen anhand astrologischer Karten und biologischer Gegebenheiten führten ins Nichts. So begann ich meine Beobachtungsstudien am lebenden Zielobjekt: Kinder, die man nicht mag. Die gibt es. Oder ich muss es anders formulieren: Es gibt Kinder, die sind einem auf den ersten Blick unsympathisch. Warum soll es bei Kindern anders sein als bei erwachsenen Menschen? Sie sind ja die Vorstufe späterer Vollidioten. Wie wird aus einem Menschen eigentlich ein geistiger Discofoxtänzer? Ich glaube ja, die werden schon so geboren. Nicht, dass die bei der Geburt rausploppen und sofort auf der Kreißsaalfläche im Dreivierteltschritt »Born to be alive« anstimmen. Meine Theorie: Es gibt auf dieser Welt ein duales Natal-System. Alle Menschen sind gleich, von Feuerland bis Bayern. Aber Gott hat damals am achten Tag der Schöpfung, nachdem er gerade Jamaika geschaffen hatte und sehr entspannt war, zu sich gesagt, »a bissel Spaß muass sein.«
Und er hat die Kinder und ihre Kindeskinder in zwei Gruppen unterteilt. Die einen Kinder kommen auf die Welt, die sind lieb, sympathisch, olé olé, super Kind. Die anderen Kinder werden geboren, schauen dich an, der erste Blick, und du kannst nicht anders: »Du unsympathischer Sack, geh weg, mit dir will ich nicht spielen!«

Ich meine das nicht böse. Aber ich kann die Fakten nicht ändern. Wie oft kommen Freunde zu einem nach Hause, Eltern mit ihren Kindern, so miesen, unsympathischen Dreckschratzen. Motzende Zerstörungsmaschinen ohne Beschränkungsmodus, die einem zeigen, was ein Zeigefinger mit dem Hochtöner einer Stereobox anrichten kann. Und dann musst du immer lügen: »Mei, der wird ja immer netter!«

Innerlich windet sich alles, und der blinde Passagier in deinem Bauch schreit nach Kotztüten. Denn wie gerne würde man mal ehrlich sein zu den Eltern und sagen: »Ich mag dich, aber dein Kind ist ein Arschloch!«
»Hallo, das Kind ist erst zwei!«
»Ja, was meinst du, was das erst für ein Arschloch in 20 Jahren ist!«
Die unerschütterlichen Grundfesten der Theorie lassen sich auf eine Formel bringen: Man wird als Arschlochkind geboren – einmal AK, immer AK! Der amerikanische Ethnologe R. B. W. McCormack hat mal gesagt: »Manche Menschen sehen von Weitem furchtbar dumm aus, aber beim Näherkommen merkt man, dass man sich nicht getäuscht hat.« Gott sei Dank erkennt man ehemalige Arschlochkinder auf den ersten Blick. Das deutsche Fernsehen spiegelt auch sehr gut die AK-Bandbreite der Menschheit wider. Als mir damals die Auswirkungen meiner eigenen Theorie bewusst wurden, bekam ich es mit der Angst zu tun. Wenn ich in der Zukunft doch mal Kinder haben werde, was wird es dann? Drei Geschlechter – Junge, Mädchen, Arschlochkind? Ich erlitt ein theoretisches Vorgeburtstrauma. In schlaflosen Nächten hatte ich oft denselben Albtraum: Die Geburt ist in vollem Gang – ich bin mit dabei im Entbindungsraum –, das Baby kommt raus, die Hebamme gibt den ersten Klaps, es lächelt mich an, aber ich erkenne: »Ein Arschlochkind. Scheiße!«

Und Panik packte mich, weil es dann ja für etwaige Änderungen zu spät wäre. Dann kannst du nichts mehr machen. Du kannst ja nicht zur Hebamme sagen: »Kann man es nicht vielleicht noch mal ein bisschen zurückschieben? Vielleicht war es ja noch nicht ganz durch?«
Viele fragen sich, was machen Arschlochkinder beruflich? Sie können ja nicht alle Immobilienmakler werden. Ich weiß nicht von allen, was sie machen, aber ich weiß, dass ein paar von ihnen regelmäßig am Samstagmorgen als Zeugen Jehovas verkleidet an meiner Türe läuten. Und auf Klassentreffen bekommt man den Eindruck, dass sich die Arschlochkinder von damals am schnellsten vermehrt haben.

Die mir am meisten gestellte Frage der vergangenen zwei Jahre ist wohl nicht schwer zu erraten: »Michl, ist deine Tochter nun ein Arschlochkind?«
»Natürlich nicht! Nein! No! Nada! Non! Bist du deppert?«
Und da bin ich mir hundertprozentig sicher. So sicher, wie sich Eltern nur sein können. Ich vergaß zu erwähnen, dass Eltern bei der realistischen Einschätzung ihrer eigenen Kinder nicht herangezogen werden dürfen. Da kriegst du kein wirklich objektives Statement. Das hat die Natur so eingerichtet. Eltern sehen ihre Kleinen und deren Taten meist durch eine rosa Brille, und die fungiert wie ein Filter für kritische Zwischeninformationen. Es kann schon mal vorkommen, dass einen eine Mutter mit ehrlichem Lächeln fragt: »Ist unser Kleiner nicht süß?«
»Ja, äh, aber euer Kleiner hat gerade das ganze Restaurant zusammengeschrien, die Tischdecke mit allem drauf abgeräumt und mir auf die Hose gekotzt.«
Der rosa Eraser schaltet sich ein – zipp: »Der Cedric ist halt manchmal ein bisschen ungestüm.«
»Schönes Wort. Attila, der Hunnenkönig, war auch ein bisschen ungestüm.«

»Schau, er lächelt dich an. Das ist seine Art, Verzeihung zu sagen.«
Ich frage mich, ob der Attila das auch gemacht hat. Wenn seine Hunnenburschen ein Dorf dem Erdboden gleichgemacht und dessen Bevölkerungszahl um 82 % reduziert haben, hat er dann die paar Überlebenden angelächelt: »Nichts für ungut«? Und hat die restliche Dorfbevölkerung dann freundlich reagiert: »Kein Problem, Attila, so sind Hunnen halt. Immer ein bisschen ungestüm«?
Hat die Mama von Adolf Hitler jemals geschimpft: »Ein Lausbub ist er schon, der Dolfi«?

Das größte Kompliment für Eltern ist, dass man ihre Kinder lobt. Aber Eltern wollen nicht die Wahrheit wissen, sondern nur eine Bestätigung ihrer bedingungslosen Liebe für die eigene Brut. Entschuldigung, aber es ist so. Wer etwas Negatives sagt, ist sofort ein Kinderhasser und Stimmungsverderber. Als der oben genannte Cedric im Restaurant auch noch die Bedienung angespuckt und sie mit »du alte Pissi-Sau« beschimpft hatte, hätte man dann wirklich hinterm Berg halten und nur sagen sollen: »Mei, is der daheim auch so brav?«
Hätte es die Menschheit weitergebracht, wenn ich gesagt hätte, was mir auf den Lippen lag: »Oh, jetzt hat der kleine Cedric seine Mutter mit der Bedienung verwechselt.«
Oder was sollte man zum Beispiel den Eltern von Monica Lewinsky nach der Clinton-Affäre Positives über ihr Mädchen sagen: »Aber Ihre Tochter hat den Präsidenten gut geblasen«?

Hier noch ein kleiner Tipp: Wer von Freunden eingeladen wird, die definitiv ein oder mehrere Arschlochkinder ihr Eigen nennen, und sie nicht besuchen will, muss nur vorspielen, dass er krank ist. Aber nicht einfach sagen, man

sei krank, das könnte verdächtig sein. Das geht cleverer. Man ruft bei den AK-Erzeugern an.
»Hallo?«
Dann ganz erbärmlich husten und kratzig sprechen: »Servus, öch, öch, du, wann sollen wir denn zu euch kommen? Öch, öch, öch …«
»Bist du krank?«
»Nein.«
Dann noch etwas schlimmer husten: »Öch, öch, öch!«
»Du bist doch krank?«
»Nein, nur ein bisschen Husten mit grünem Schleim, das geht bald wieder weg.«
»Dann bleib aber lieber daheim, sonst steckst du noch unsere Kinder an!«
»Meinst du echt, öch, öch?«
»Ja, da gehen wir besser kein Risiko ein.«
»Schade, wir wären so gerne gekommen, öch.«
»Tschüs und gute Besserung.«
»Danke.«

Wer schauspielerisch nicht so veranlagt ist, kann es noch einfacher machen. Anrufen, um zu fragen, ob man was mitbringen soll, dann beiläufig den Satz einfügen: »Wir waren am Wochenende bei Freunden, da hatten die Kinder Läuse. Stell dir das mal vor, das glaubst du nicht …«
Das wirkt. Es gibt eine große Vielfalt von Schutztechniken, die man anwenden kann. Und das Gute daran ist ja auch, dass die AK-Eltern sich so keine Gedanken machen, dass man nicht kommen will – zipp –, da sie ja das liebste Kind der Welt zu Hause haben. Die glauben auch die haarsträubendsten Geschichten!

LUCA TONI

AVETE CAPITO? BRIMBORIO NUMERO UNO!

Luca Toni Varchetta Delle Cave (26. Mai 1977 in Pavullo nel Frignano (MO), Italien) ist ein italienischer Fußballspieler.*

Er ist der Strahlemann des europäischen Fußballs, die Giraffe des runden Leders, denn mit 1 Meter 94 ist Luca Toni größer als jeder durchschnittliche Oger. Gut, in der NBA würde man ihn wahrscheinlich nur »Kurzer« rufen oder »Kleiner« oder »Maffay«. Aber im Fußball sind 1 Meter 94 eher eine Seltenheit. Da die meisten Trainer fordern, flach zu spielen und hoch zu gewinnen. Zauberfloh Lionel Messi etwa ist grade mal so groß wie ein genmanipuliertes Gänseblümchen. Und sogar Schalkes neuer Wunderstürmer Raul ist vergleichsweise so groß wie ein Barhocker mit Wachstumsstörungen. Dagegen ist der Luca ein Fernsehturm. Und zwar ein sehr auffälliger. Denn niemand dreht sich nach dem Torerfolg so schön am Ohr wie der Mann aus Modena. Doch was meint er damit? Was bedeutet dieser Ohrdreher?

- ✰ Ich höre meinen eigenen Tinnitus nicht!
- ✰ Oh, oh, ob das nicht Abseits war?
- ✰ Meine Schraube ist locker, bitte festziehen!
- ✰ Ich hab Ahoi-Brause im Hirn!
- ✰ Ruf mich an, Martha! (aber nur vom Telefon mit Wählscheibe)
- ✰ Wenn ich nach Hause komme, wechsele ich die Glühbirne aus, versprochen!

Nein, nix von alledem. Es heißt – so hat er mir bei einer großen Tasse Cola verraten – »Habt ihr das gesehen?« ... Na, klar, deswegen dreht man sich am Ohr. Weil man mit dem Trommelfell so toll gucken kann. Heda, hat mal einer 'ne Brille für mich? Ich höre nix! Denn dann hätte ich den Einwand seiner Begleitperson aufgeschnappt, die korrigierend meinte: Es heißt »Avete capito – Habt ihr das verstanden?« Na ja, geht so. Zumindest weiß ich, dass, wenn einer nix versteht, man gerne mal den Scheibenwischer zeigt. Aber Ohrdreher?! Italiener eben. Man liebt sie. Man hasst sie. (Zumindest wenn es um Fußball geht und sie gegen Deutschland im Halbfinale stehen.) Aber eines sind sie einem auf keinen Fall: gleichgültig. Und das können wir von denen lernen. Sorgen Sie dafür, dass Sie polarisieren. Dass man Ihnen entweder zu Füßen liegt und Ihrem Plastik-Abbild mindestens einmal täglich eine Kuh, ein Schwein oder eine 500-Gramm-Packung Geflügelsalami opfert. Oder sorgen Sie dafür, dass man Ihnen nicht aufs Fell gucken kann. Weil Sie alles und jeden beleidigen, weil Sie Mundgeruch von hier bis Wuppertal haben oder weil Sie einfach nur einen Gesichtsausdruck aufsetzen wie Pinocchio mit Schließmuskelkrampf. Hauptsache, die Leute haben eine emotionale Meinung zu Ihrer Person.

Beispiele:

- ✰ Es hilft nix, wenn Sie nur einer Oma über die Straße helfen. Entweder dem ganzen Seniorenstift (und dann auch mit rotem Teppich) oder Sie schubsen die Dame hinter den nächsten Lkw und laden das Video dazu bei YouTube hoch. Entscheiden Sie sich!
- ✰ Es hilft auch nix, wenn Sie bei Aldi eine mickrige Packung Haferflocken klauen. Entweder Sie rammen nachts mit Ihrem Ford Escort das Schaufenster und klauen alle Schnittlauchringe samt Kasse und Mitarbeiterküche. Oder Sie legen an der Kasse beim Bezahlen die goldene Mastercard aufs Band und sagen: »Schenk ich Ihnen!«

Beide Varianten führen dazu, dass Sie auffallen. Dass Sie polarisieren. Dass man an Ihnen nicht vorbeikommt, selbst wenn Sie nicht der Bulle von Tölz sind oder mit Ihrem Braunkohlebagger die Einfahrt vom Nachbarn zugeparkt haben. Werden Sie zum Italiener. Stehen Sie im Strandurlaub mit Checker-Brille und Handy im flachen Wasser und telefonieren Sie mit der Lautstärke eines Presslufthammers. Gestikulieren Sie beim Bestellen im Restaurant wie eine geisteskranke Windmühle. Und lassen Sie sich fallen. Einfach so. Da, wo Sie gerade sind. In der Fußgängerzone, im Hundesalon, im Büro Ihres Vorgesetzten. Einfach fallen lassen und schreien. Sich krümmen vor Schmerzen, und wenn der Big Boss in der Tür steht, auf Ihren Vorgesetzten zeigen und sagen: »Er war's, er hat mich gefoult.« Danach ist die Ausgangsposition für Ihre Gehaltserhöhung eine ganz andere. Fordern Sie Wiedergutmachung. Schalten Sie den Betriebsrat ein. Rufen Sie den Bundesverband für Mobbingopfer an und schildern Sie diese »unglaublichen Vorkommnisse«.

Sie können Ihren Vorgesetzten natürlich auch verbal reizen. Sagen Sie »Isch hab deine Mutter gefickt« oder »Deine Schwester hatte isch auch schon, die Hure« oder »Du hast doch Flugangst, du Lusche«. Und dann warten Sie, bis Herr Dr. Müller Sie mit einem gezielten Zinedine-Zidane-Kopfstoß vor Ihre Brust zu Boden streckt. Oder er Ihnen Guererro-mäßig eine volle Plastikflasche an den Kopf wirft. Oder er weint und raus zu Mutti rennt. Von all dem ist unser Luca allerdings weit entfernt. Gut, er fällt auch schon mal unerwartet über einen Regenwurm oder eine Blattlaus, aber vor allem seine Lebensfreude steckt uns an. Wenn er madonnenhaft gen Himmel betet, weil der Kopfball aus drei Metern nur Millimeter an der Eckfahne vorbeigestriffen ist. Wenn sein gelbeschwertes Haar lässig an seiner Stirn klebt, weil er in den ersten zehn Minuten des Spiels zwar nur acht Meter gelaufen ist, aber bereits frech und fröhlich zwei Abseitstore reingespitzelt hat. Dann sitzen die Mädels von Flensburg bis Genua so nah vor dem Flatscreen-Fernseher, dass sie den Schweiß von Lucas Achsel riechen können. Dann flockt sich sogar die 70-jährige Elvira aus Wildbad Kreuth noch mal die Brusthaare auf und biegt ihre Dracula-Prothese zum Knutschen in die richtige Position. Dazu ein feines Liedlein auf den Lippen – und man ist im Handumdrehen in eine überaus verheißungsvolle Stimmung versetzt.

SONGTEXT »NUMERO UNO«

Fritti, Scampi
E Chianti, calamari
Luca sei per me
NUMERO UNO

Cannelloni
Luca Toni
Pepperoni
Luca sei per me
NUMERO UNO

BELLA DONNA
MAMMA MIA
ALIMENTI CIAO CIAO
ROMA ROMA RIBERY
AMORE MIO

Mozzarella,
Mortadella
Mit Nutella
Luca sei per me
NUMERO UNO

(STAND BY FOR ACTION)

(ONE, TWO, THREE, FOUR)

Strophe:
Prego,
Foul an Luca Toni
Simulazioni
Stehe wieder auf. (hey)

Prego,
Luca Tore mache
Und bei Jubel lache
Championi Luca Toni

Simulazioni,
Stehe wieder auf (hey)
Prego,
Luca Tore mache,
Und bei Jubel lache,
Campioni LUCA TONI

Refrain:

Zabaione,
Minestrone
Oben ohne
Luca sei per me
NUMERO UNO

Italiani
Trifft Germani
Große Klappe
Luca sei per me
NUMERO UNO

BELLA DONNA
MAMMA MIA
ALIMENTI CIAO CIAO
ROMA ROMA RIBERY
AMORE MIO

Amaretto
Rigoletto
Benedetto
Luca sei per me
NUMERO UNO

(ONCE AGAIN)
(THREE, FOUR)

Strophe:

Prego
Aqua minerale
Grappa speziale
Cozze vongole

Prego
Foto di panini
Schicker Lamborghini
Luca Toni KRIEGT MILLIONI

Refrain:

Tortellini
Cappuccini
Con Martini
Luca sei per me
NUMERO UNO

Luca Toni
Telefoni
Berlusconi
Chiama qui per te
NUMERO UNO

BELLA DONNA
MAMMA MIA
ALIMENTI CIAO CIAO
ROMA ROMA RIBERY
AMORE MIO

Schwarze Haare
Viel parlare
Calcio di mondiale
numero uno
(numero uno)
(numero uno)

GAME OVER

Fakt ist, man muss den Luca einfach mögen. Unseren Vorzeige-Italiener. Es sei denn, man hatte kürzlich einen Familienstreit mit einem seiner Landsleute und schwimmt grad im Lago Maggiore unter der Wasseroberfläche mit einem Betonklotz am Fuß oder man war mal Trainer beim FC Barcelona und trinkt gerne Rioja.

Also fassen wir zusammen:

1. Schaffen Sie sich Gesten an. Große, ausladende Gesten. Benutzen Sie dazu Ihre Arme und Ihre Hände und fuchteln Sie in der Gegend herum. Wenn Sie jemand fragt: »Entschuldigung, geht's Ihnen nicht gut?«, sind Sie auf dem richtigen Weg. Egal, ob Mann oder Frau: Füllen Sie jede Faser Ihres Körpers mit Leben. Spüren Sie die Luca-Energie.

2. Benutzen Sie Haar-Styling-Produkte. Wet Gel, Haar-Lack, Strubbel-Look, Surfer-Knete, Wachs, Hühnerfett, Halbfettmargarine, Rührei mit Schlagsahne. Hauptsache, es glänzt und lässt Sie aussehen, als hätten Sie grade mit einem Brontosaurus um die letzte Liege am Pool gekämpft. (Dieser Supertipp gilt natürlich vorwiegend für Männer.)

3. Lachen Sie, grinsen Sie, strahlen Sie mit dem Castortransport um die Wette. Reißen Sie Ihre Augen auf, als

hätten Sie grade mit der nassen Hand in die Steckdose gepackt. Und zeigen Sie Emotionen. Auch bei kleinen Dingen. Wenn der Reißverschluss klemmt, Ihr Schnürsenkel auf ist, Ihr Hühnerauge aufs Kleinhirn drückt. Springen Sie auf und rufen laut: »Noooooooo. Alora! Warum? Warum?«

Erst mit 23 Jahren gelang Luca Toni dann erstmals der Sprung in die Serie A, wo er sich in den folgenden drei Jahren bei den Abstiegskandidaten Vicenza Calcio und Brescia Calcio (an der Seite Roberto Baggios) mehr oder weniger überzeugend zu etablieren versuchte. Bei Brescia verlor er am Ende seinen Stammplatz, und so erschien sein Wechsel zum damaligen Zweitligisten US Palermo zunächst wie ein Rückschritt, jedoch sollte sich dies als entscheidend für seine fußballerische Entwicklung herausstellen.

Heißt: Es ist nie zu spät. Auch als 30-jähriger Postbote können Sie durchaus noch Ihren Grundschulabschluss nachholen. Oder sich bei der Krabbelgruppe »7 Zwerge« für den Studiengang laufen lernen einschreiben, wenn Sie das gelbe Postfahrrad nicht mehr sehen können.

Wirklich zu spät ist es nur, wenn ...

- ☆ über Ihnen jemand den Holzdeckel zumacht.
- ☆ ein Soldat auf Ihrem Balkon die nordkoreanische Flagge hisst.
- ☆ grüne Männchen Ihnen bei lebendigem Leibe Ihre Schweißfüße amputieren (als Organspende für klingonische Meerjungfrauen).
- ☆ die Sparkasse Düsseldorf Ihnen Franjo Pooth als Ihren neuen Finanzberater vorstellt.
- ☆ das Boot mit den Kannibalen Ihre SOS-Rauchzeichen als Einziges bemerkt hat.

- ☆ Sie für Ihren Säure-Basen-Haushalt täglich Brottrunk saufen müssen (Baah!).
- ☆ Sie den Dödel noch rausziehen wollten, aber Oskar mit der Blechtrommel von hinten nachdonnert.
- ☆ Sie zum Air-Berlin-Piloten sagen: »Die Menschen sehen von hier oben aus wie Ameisen.« Und er sagt: »Das sind Ameisen.« (Ja, ich weiß, der Gag ist alt, aber ich hab ja auch ganz junge Leser.)

Ansonsten gilt: Mit 66 Jahren, da fängt das Leben an. Auch mit 70 können Sie sich noch Ihren Traum vom Eis-am-Stiel-Urlaub in Tel Aviv (oder wo die Filme gedreht wurden) verwirklichen. Es kann zwar sein, dass Bea Fiedler ihre Möpse inzwischen als Schleppe hinter sich herzieht und Bobby aussieht wie Gollum mit Lederjacke. Auch die brünette Schönheit hinten auf Ihrem Moped hat möglicherweise mehr Hautfalten um die Augen als ein Chihuahua mit Neurodermitis, aber egal. »Splish splash, I was taking a bath ...« Denken Sie an Benny, Bobby und Johnny. Bauen Sie am Strand eine Menschenpyramide, klauen Sie Ihrer dicken Cousine mit den Glasbausteinen das Bikinioberteil. Und gucken Sie auf jeden Fall bei den Umkleidekabinen durchs Schlüsselloch, wenn der Montserrat-Kalbsfrikassee-Verschnitt aus dem Nachbarapartment ihren String-Tanga mit dem Rektum verschluckt. »Rama lama ding dong ...« Und nicht vergessen: Der absolute Durchbruch gelang Luca Toni wie gesagt relativ spät, nachdem er zunächst einige Jahre bei Clubs der zweiten und dritten italienischen Liga durch (so heißt es in Presseberichten) mangelnde Motivation und Disziplin verschwendet haben soll.

Stichwort Disziplin

Natürlich ist es von Vorteil, wenn man es schafft, jeden Morgen pünktlich um fünf Uhr aufzustehen, um die Zei-

tung reinzuholen, den Kaffee aufzusetzen und sich die kompletten fünf Stunden vom Sat1-Frühstücksfernsehen reinzupfeifen. Aber ich formuliere es mal so: Wer das Leben liebt, kann nicht gleichzeitig als Buchhalter arbeiten (sorry, liebe Buchhalter, aber jetzt ist Schluss mit lustig bzw. in eurem Fall bleibt alles beim Alten). Was ich eigentlich sagen wollte: Man kann keinen Schauspieler heiraten und erwarten, dass er sich immer total natürlich gibt. Und man kann auch keinen Friedensnobelpreisträger zum Auftragskiller umschulen. Also, glaube ich jedenfalls nicht. Soll heißen, wenn jemand gerne mal feiert, dann feiert er eben gerne mal. Und dann schläft er länger. Heißt: Er kommt grundsätzlich erst zum Frühstück, wenn im Fernsehen bereits Sandmännchen läuft, aber sobald es dunkel wird, ist der Typ (die Typin) jut drupp.
Aber generell ist gegen Disziplin nichts einzuwenden.

Deswegen:

- ☆ Seien Sie pünktlich. Auf die Sekunde. (Spätestens wenn die Frage mal lautet: »Roter oder blauer Draht?«, werden Sie dankbar sein.)
- ☆ Hängen Sie Ihren Schlüssel immer sofort ans Schlüsselbrett (und nicht ins Gefrierfach).
- ☆ Bügeln Sie Ihre Socken.
- ☆ Stempeln Sie niemals fünf Minuten vor Feierabend. Immer danach. Am besten so sechs bis sieben Stunden.
- ☆ Sitzen Sie beim Essen gerade. Schultern nach hinten. Brust raus. (Körperspannung ist das A und O ... zumindest im Saunaclub »Rosa Panther«.)
- ☆ Befolgen Sie Befehle Ihres Vorgesetzten uneingeschränkt: »Jawohl, Mama! Verstanden, Mama! Ich räum mein Zimmer auf!«
- ☆ Falten Sie gebrauchte Lümmeltüten wieder auf, bevor sie zurück in den Schrank kommen.

Luca Toni wird in Italien oft *il Bomber* (der Bomber, in Anlehnung an Gerd Müller) oder auch *l'armadio* (der Schrank) genannt; ein weiterer Spitzname Tonis ist Tonigol, von der Bild während der WM 2006 mit »Tore-Toni« übersetzt. Ebenfalls aus der Bild-Zeitung stammt der Spitzname Luca Tori.

So ein Spitzname wäre auch für Sie zu überlegen. Es macht eine Person greifbarer. Denn Namen sind Schall und Rauch. Schon beim Gedanken an die Schulzeit hat man die Hälfte seiner Klassenkameraden namentlich nicht mehr auf dem Schirm. Und spätestens beim 20-Jahre-Abi-Treffen wird's auch mit den Gesichtern schwer, wenn dem gut aussehenden Popper-Bernie von damals mittlerweile das Knie durch die Perücke wächst. Aber an einen können wir uns alle noch erinnern: an Fratzen-Hubi oder an Breitarsch-Bärbel oder an Schüttel-Else, die jedem Schützenbruder in Lippetal-Herzfeld hinter der Bierbude ... na ja, Sie wissen schon ...!

Nach einem sehr erfolgreichen Jahr beim FC Bayern und einem weiteren Jahr unter Jürgen Klinsmann wechselte Luca Toni im Winter 2009/10 zum italienischen Serie-A-Ligisten AS Rom. Dort feierte er gleich einen tollen Einstand, indem er bei einem seiner ersten Spiele gegen den FC Genua zwei Tore erzielte und zum neuen Liebling der Roma-Fans avancierte. Und das, obwohl er zuletzt beim FC Bayern unter Neu-Trainer Louis van Gaal oft nur Ersatz war.

Man muss an sich glauben. Auch in schwierigen Zeiten. Rückschläge gehören dazu. Sind sogar am besten fest einzuplanen. »Ah, ein Rückschlag, wunderbar! Es läuft alles wie gesollt.« Denn schon im Kindergarten war es völlig normal, dass hin und wieder mal ein ungewolltes Tröpfchen Pipi in die Buxe ging, obwohl man drei Wochen zuvor die Windeln eigentlich schon komplett an den Nagel gehängt hatte.

Sogar ein Bill Gates verliert zwischen Suppe und Dessert schon mal 7 Milliarden Euro, wenn die Griechen mal wieder zu lang die Füße hochgelegt haben und die Börsen ins Nirwana rutschen. Wichtig ist: Ruhe bewahren. Bloß keine Panik. Frauen und Kinder zuerst. Und selbst wenn die Titanic schon in der Mitte auseinandergebrochen ist, dürfen Sie den Glauben an die baldige Rettung niemals aufgeben. Erst wenn Ihr Körper leblos im Wasser treibt und der dritte Wiederbelebungsversuch gescheitert ist, können Sie anfangen, über ein Scheitern nachzudenken. Sicher, das klingt übertrieben, aber dieses Buch soll sich ja schließlich auch verkaufen. Da darf man dann im Sinne der Auflage schon mal etwas auf die Kacke hauen.

Zusammenfassung:

- ☆ Legen Sie sich eine für Sie unverwechselbare Geste zu (werden Sie zum Piepmatz-Zeiger, zum Vor-die-Stirn-Hauer, zum Sich-selbst-an-den-Kopf-Treter).
- ☆ Polarisieren Sie. Wenn Ihnen die Mafia höchstpersönlich jeden Tag einen Strauß frisch geschnittene Disteln vor die Tür legt oder 472 Jungfrauen nackt in Ihrem Garten pennen, haben Sie alles richtig gemacht.
- ☆ Verwenden Sie bei Unterhaltungen große Gesten, sogar wenn beim Kindergeburtstag Stille Post auf dem Programm steht.
- ☆ Benutzen Sie Haarpflege-Produkte. Reichlich. Je nasser und schmieriger, je strubbeliger und verwegener, desto besser. Als Frau gilt natürlich das Gegenteil: glattes, leicht gewelltes, geschmeidiges Haupthaar und ein Teint wie Kaschmir mit Vanillesoße.

- ✰ Grinsen Sie sich zum Erfolg. Bitte nicht ganz so auffällig manipulierend wie Tom Cruise, aber mindestens so entwaffnend wie George Clooney, wenn er uns seine Senseo-Kaffeemaschine aufschwatzen will.
- ✰ Es ist nie zu spät. Nie! Auch wenn Sie schon 63 sind und grade als Aufsichtsratsvorsitzender eines börsennotierten Großunternehmens selbiges vor dem finanziellen Ruin retten müssen. Wenn Ihnen das Piratenschiff von Duplo bei Toys»R«Us doch so gut gefällt, kaufen Sie es sich. Und die Hamster-Rennbahn gleich dazu.
- ✰ Disziplin! Ganz wichtig. Auch die Horde »Ich surfe nur im Urlaub«-Surfer auf der griechischen Urlaubsinsel Naxos sind beim Rumlungern im Strandcafé Flisvos extremst diszipliniert, wenn es darum geht, den ganzen Tag auf Wind zu warten.
- ✰ Legen Sie sich einen Spitznamen zu, der Ihre Persönlichkeit, Ihren Charakter (insofern Sie einen haben) näher beschreibt.

FRANZ BECKENBAUER

KAISER, GOTT, LICHTGESTALT

Franz Anton Beckenbauer (11. September 1945 in München), auch Der Kaiser genannt, ist einer der Vizepräsidenten des Deutschen Fußballbundes (DFB) und Ehrenpräsident des FC Bayern München. Zudem war er Präsident des Organisationskomitees der Fußballweltmeisterschaft 2006. Er war bis 1983 als Profifußballer tätig und hatte den Ruf eines internationalen Ausnahmeathleten. Nach seiner aktiven Karriere als Fußballer war er als Fußballtrainer und Sportfunktionär, Werbeträger, Geschäftsmann und einflussreicher Kolumnist tätig.*

Mit anderen Worten, wenn auch Sie zur Lichtgestalt werden wollen, zum größten Mogul Ihrer Zunft, zum lieben Gott der Finanzbranche, zum Petrus des Versicherungswesens, zum König von Mallorca, dann haben Sie eine Menge vor sich. Dann reicht Ihr aktuelles Leben zeitlich gesehen eigentlich gar nicht aus. Es sei denn, Sie komprimieren. Sie verringern sich und Ihre Aktivitäten auf ein Minimum. Qualität statt Quantität. Dann rennen Sie sich mit Mitte 30 als Fußballer nicht im Mittelfeld die Lunge aus dem Hals und riskieren, dass Sie der 84-jährige Platzwart mit Mund-zu-Knoblauch-Beatmung in der 87. Minute noch mal auf den maulwurfshügelübersäten Kreisliga-Acker zurückholt, sondern Sie lassen sich schön auf die bequeme Libero-Position zurückfallen, laufen nur das Nötigste und spielen vorzugsweise noch in einer Mannschaft, die auf Sieg und Meisterschaft abonniert ist. Am besten auf Kunstrasen oder auf Velours. Oder besser noch auf Parkett Kirsche geölt. Dort können Sie glänzen, dort können Sie Eleganz ausstrahlen. Und beim Schuss mit dem Außenrist

– vom Kaiser übrigens in seiner aktiven Zeit bei Bayern perfektioniert – dem Fotografen der Lokalzeitung noch ein Signal-Iduna-Lächeln zuwerfen. Deswegen werden Sie auch bitte niemals stinknormaler Vorsitzender vom Kaninchenzüchterverein »Große Löffel e.V.«, sondern, wenn überhaupt, Ehrenvorsitzender vom Saunaclub Pik Ass an der B1 in Dortmund. Da müssen Sie nicht bei jeder Sitzung anwesend sein und kriegen im Whirlpool ohne großes Gerangel immer den besten Platz neben der vollbusigen Russin ohne Aufenthaltsgenehmigung. Dafür müssen Sie allerdings eines entwickeln. Ein Gespür für die richtigen Entscheidungen zur rechten Zeit.

Kaiser Franz erlernte das Fußballspiel beim SC 1906 München. 1958 plante der 13-jährige Franz den Wechsel zum TSV 1860 München, dem damals größten Club in München. Als er jedoch während eines Spieles für den MSC mit einem der Löwen-Spieler aneinandergeriet und dieser ihm eine Ohrfeige gab, änderte Beckenbauer seine Pläne und wechselte stattdessen zum FC Bayern München, der damaligen Nummer 2 in der Stadt.

Sicher, in der Bibel steht: Wenn dir jemand auf die rechte Backe schlägt, dann halte ihm auch die linke hin. Was allerdings auch eher nach einer Formel-1-Party unter der Leitung von Max Mosley klingt. Korrekterweise müsste es heißen: Wenn dir jemand auf die rechte »Wange« schlägt, dann halte ihm auch die linke hin.
Aber jetzt mal ehrlich: Wenn mich die Kassiererin bei Aldi um das Wechselgeld bescheißt, dann lege ich ja auch nicht die Mastercard aufs Band und sage: »Ach, wissen Sie was, buchen Sie sich hier auch noch'n bisschen was runter. Und danke bei der Gelegenheit, dass die Erdbeeren gestern untendrin alle komplett verschimmelt waren.

Vielleicht können Sie mir aufmerksamerweise dazu noch einen abgelaufenen Becher Sahne andrehen?!?« Nein! Man geht logischerweise hin und brüllt: »Hör mal, du Einzelhandelsschlampe, du Einscan-Hexe, verarschen kann ich mich alleine. Der ALDI ist für mich ab heute gestorben. Ich wechsel mit sofortiger Wirkung, ablösefrei, ohne Handgeld und DFB-Auflagen zum REAL.« Auch wenn die preislich in einer anderen Liga spielen.

Aber genau das machen die meisten von uns nicht. Sie handeln unkaiserlich. Sie ergeben sich ihrem Schicksal und denken: »Hm, der Friseur hat mir zwar zum wiederholten Male für teuer Geld eine Macke verpasst, aber der Laden liegt halt auf'm Weg. Und außerdem haben die die *Freizeit Revue* im Lesezirkel. Und die Stühle sind so rückenfreundlich. Und die haben Licht, wenn's draußen dunkel ist. Und eine Tür zum Reingehen. Und überhaupt, ich find die Macke gar nicht mehr schlimm ... auch nicht die in meinem Ohr. Und das bisschen Blut kann ich ja verkraften. Ach, du großer Schreck ... mein Kreislauf! ICH KOLLABIERE. Aber nein nein nein ... ich will mich nicht verändern.«

Franz Beckenbauer gilt als einer der besten Fußballer aller Zeiten und wird in der Öffentlichkeit häufig als »Lichtgestalt des deutschen Fußballs« bezeichnet. Wichtige Meilensteine seiner Ausnahmestellung im Fußball sind der Gewinn der Fußballweltmeisterschaft sowohl als Spieler (1974) als auch als Trainer (1990).

STOPP!

Wer die innere Gelassenheit des Kaisers erlangen möchte, der muss die großen Siege erringen. Am besten in einer noch nie da gewesenen Konstellation. Es reicht also nicht aus, wenn man gegen das Ordnungsamt Garmisch-Partenkirchen den Streit um das Fünf-Euro-Knöllchen wegen Falschparkens an der Graseckbahn gewinnt und gleichzeitig die Geldbuße wegen Geschwindigkeitsüberschreitung im Münchener Aubinger Tunnel (Achtung: Infrarot-Blitzer) abschmettern kann. Das wäre zu einfach und zu naheliegend. Besser wäre etwa, man umrundet wie Steve Fossett die Erde in einem Heißluftballon und legt die gleiche Strecke etwas später als Brustschwimmer zurück. Dann kann man die Klappe aufreißen und auch mal Statements abgeben, die erst beim dritten oder vierten Mal Hören so was Ähnliches wie einen Sinn ergeben. Aber um solche Siege zu feiern, braucht man natürlich Talente.

Beispiele:

- ✰ Sie können Musiktitel am Geschmack erkennen.
- ✰ Sie sind der beste Geröllskifahrer im Dorf.
- ✰ Sie sind unschlagbar im Synchron-Bügeln von Schiesser-Unterwäsche.
- ✰ Sie sind der Meister im Apfelbaum-Bungee.
- ✰ Sie können Goldfische mit dem Rektum verschlucken.
- ✰ Sie können freihändig den »Kolumbusfalter« von Walt Disney rezitieren.
- ✰ Gegen Sie ist Johnny Knoxville von Jackass so gefährlich wie Pastinake von Hipp.

1974 führte Beckenbauer bei seiner dritten Weltmeisterschaft die Mannschaft bis ins Endspiel, das gegen Holland mit 2 : 1 gewonnen wurde. 1976 führte er die Nationalmannschaft erneut ins Endspiel der Europameisterschaft. Dort unterlag die Mannschaft aber in seinem 100. Länderspiel gegen die Tschechoslowakei in der Nacht von Belgrad im Elfmeterschießen. Es war seine vierte Endspielteilnahme mit der Nationalmannschaft. Er ist der erste Europäer, dem dies gelang, und der Einzige, der in je zwei EM- und WM-Endspielen stand.

Merke: Persönliche Rekorde und Bestmarken lassen sich gut vermarkten. Deswegen sollten auch Sie – wie Kaiser Franz – versuchen, zunächst kleine Rekorde aufzustellen. Versuchen Sie einfach mal, bei der nächsten Tupperparty mehr Plastikschrott zu kaufen als alle anderen. Oder Sie servieren bei Ihrer nächsten Geburtstagsfeier so wenig zu essen wie sonst keiner in der Familie.

Wenn's dann auch noch scheußlich schmeckt, weil entweder abgelaufen, total versalzen oder einfach rattenkalt, haben Sie eine ernst zu nehmende Duftmarke gesetzt, an der so schnell keiner rütteln wird. Sie können aber auch versuchen, zwölfmal hintereinander in eine Radarfalle zu tappen (ich wiederhole: Aubinger Tunnel, A 99), Sie tragen einfach mal so lange Ihre Unterwäsche, bis die freiwillige Feuerwehr Sie aus dem Slip rausschneiden muss, oder Sie versuchen ganz einfach, alle anderen in Ihrer Kirchengemeinde zu überleben. Dann müssen Sie zwar alleine feiern und auf dem Siegerpodest ist der Zweitplatzierte maximal durch seine Urne präsent, aber dieser Triumph ist Ihnen von niemandem mehr streitig zu machen. Und beim nächsten Kriegsveteranentreffen kommt das Stichwort »überlebt« sowieso gut an.

Im Jahre 1977 wechselte Beckenbauer – auch aus privaten Gründen – zu Cosmos New York. Seine damalige Ehekrise und die Beziehung zu der Sportfotografin Diana Sandmann wurde von der BILD-Zeitung, für die er später als Kolumnist tätig wurde, »ausgeschlachtet«. Der Wechsel in die USA bedeutete das Ende seiner Zeit als Nationalspieler, da zu der Zeit im Ausland tätige Spieler nach den Erfahrungen bei der WM 1974, als ein nicht austrainierter Günter Netzer von Real Madrid zur WM kam, nicht berücksichtigt wurden. Im damaligen Fußball-Entwicklungsland USA wurde Beckenbauer dreifacher US-amerikanischer Meister (1977, 1978, 1980).

Ein Auslandsaufenthalt gerade in jungen Jahren ist jedem ans Herz zu legen. Dabei ist es zunächst egal, ob Sie eine Schauspielschule in New York City besuchen, als kasachische Tänzerin im Mega-Park Mallorca anheuern oder mit einem guten Kumpel einfach mal drei Monate quer durch Thailand trampen (wovon Sie allerdings nicht mehr als drei Nächte in Patpong verbringen sollten, auch wenn die Pingpong-Shows sehr verlockend klingen). Sehr zu empfehlen sind übrigens die Full Moon Partys am Haad Rin Beach auf Koh Phangan, der nördlichen Nachbarinsel von Koh Samui.

Hier lernt man nicht nur jede Menge Möchtegern-DiCaprios kennen, sondern auch herrenlose Hunde, Kiwi-Bowle ohne Kiwi und dass es irgendwie scheiße ist, wenn man morgens um fünf völlig nackt im Wasser steht und sich krampfhaft versucht zu erinnern, wer man ist, wo man ist und warum man nicht NEIN gesagt hat, als einem der Schwarze mit den kaputten Zähnen die große Schultüte zum Rauchen angeboten hat.

Aber wir kommen vom Thema ab. Der Zeitpunkt des Auslandsaufenthalts geht meist mit dem Scheitern einer Beziehung einher. Manchmal auch mit dem Beginn. Wenn man zum Beispiel weiblich ist, 27 Jahre alt und sich in der DomRep in den Chefanimateur vom Bulla-Bulla-Club verliebt hat. Der natürlich sofort heiraten würde, wenn nicht schon wieder der Ausreiseantrag abgelehnt worden wäre und er deswegen von ihr erst mal 15.000 Euro braucht, um die Liebe aufrechterhalten zu können. Sollten Sie aber zur anderen Gruppe gehören, nicht lange zögern und ab in den Flieger! Eine Fremdsprache, die man fließend spricht, kann von unvorstellbarem Wert sein, wenn Sie demnächst mal jemand fragt, ob Sie auf 400-Euro-Basis nicht eine WM ins eigene Land holen wollen. Deswegen sollten Sie aber auch zwei bis drei Tage bleiben. Eine Woche Gran Canaria all incl. mit Tenniskurs bei Jürgen aus Bottrop zählt da nicht.

Während der WM 1986 in Mexiko – Deutschland verlor im Endspiel 2 : 3 gegen Argentinien – kam es zu einem Eklat im deutschen Lager, als Beckenbauer von Ersatztorhüter Uli Stein in Anspielung auf seine frühere Werbetätigkeit für die Firma Knorr als »Suppenkasper« bezeichnet wurde. Stein wurde daraufhin als erster Nationalspieler während einer WM aus dem Kader geworfen und musste die Heimreise antreten.

Sie müssen Konsequenzen ziehen und im Notfall mit harter Hand regieren, sonst tanzen Ihnen bald alle auf der Nase rum. Egal, ob Sie ein angehender Popstar, Kommandeur an Bord der internationalen Raumfahrtstation ISS oder Chefverkäufer bei Praktiker sind. Wenn es auf Tiernahrung keine 20 Prozent gibt, dann gibt es keine. Auch nicht für den Bruder mütterlicherseits, davon die Tochter, dessen Onkels Tante der Sohn sein Hund. Und sollte ein Aushilfsverkäufer dennoch Ihre Anweisungen missachten, dann schmeißen Sie ihn raus. Natürlich nur, wenn Sie dürfen. Ansonsten streuen Sie ihm Juckpulver in die Jacke. Oder kleben sein Butterbrot im Waschraum mit Sekundenkleber auf die Klobrille oder verpassen ihm einfach nach Feierabend auf dem Parkplatz einen kräftigen Schwinger. Das tut zwar weh, aber beim Autozubehör gibt's auf Verbandskästen die üblichen 20 Prozent. Also, greifen Sie hart durch. Und zwar rechtzeitig.

Vier Jahre später, bei der WM 1990 in Italien, machte sich Beckenbauer unsterblich, indem seiner Mannschaft im Finale die Revanche gelang und Deutschland mit einem 1:0 über Argentinien Weltmeister wurde. Damit gelang Franz Beckenbauer ein seltenes Kunststück: Er war nach Mario Zagallo der Zweite, der sowohl als Spieler als auch als »Trainer« (er erwarb nie die Lizenz eines Fußballtrainers) Weltmeister wurde. In Erinnerung blieben insbesondere die Szenen, als er nach Ende des Spieles allein und in Gedanken verloren über den Platz wanderte, während die Spieler Ehrenrunden drehten. Nach der gewonnenen WM trat Beckenbauer als erster Bundestrainer/Teamchef zurück.

Feste soll man feiern, wie sie fallen. Das gilt ab sofort auch für Sie. Dabei spielt die gekonnte Inszenierung eine wichtige Rolle. Nicht einfach losziehen und sich sinnlos besaufen. Sondern wenn die Abiprüfung bestanden ist, sollte man im elterlichen Garten zunächst ein sektenähnliches Ritual abhalten. Das verleiht der ganzen Prüfung eine mystische Note und erweckt den Anschein, Sie hätten sich im Vorfeld tatsächlich ernsthaft mit dem Lernstoff befasst.

Rollen Sie einen Teppich aus. Zünden Sie gelbe Kerzen an. Außerdem benötigen Sie: einen Strauß Hahnenfedern, zwei Tauben, Stechginsterzweige, ein Glas Wein und ein Körbchen Brot (Letzteres eigentlich nur, falls Sie während des ganzen Hokuspokus Hunger bekommen). Fallen Sie dann auf die Knie und sagen Sie laut: »Om namah Shivay.« Die restlichen Utensilien verwenden Sie bitte zur freien Improvisation.

Ihre Eltern werden sich berechtigte Sorgen um Ihren Geisteszustand machen und heilfroh sein, wenn Sie wieder zur Besinnung kommen, um ihnen mitzuteilen: »Papa, es ist eine Vier minus.« Aber auch bei einer Eins plus gibt dieses Schauspiel der besonderen Note eine noch besondererere Note.

Und: Wenn's am schönsten ist, soll man aufhören. Auch das lernen wir vom Kaiser. Deswegen ist nach dem Abitur ja auch Schluss mit der Schule. Und nach dem Orgasmus mit dem Liebesakt. Und nach der WM eben mit dem Teamchef-Job. Verona Pooth etwa war mal der Meinung: »Besser als derzeit kann es in meiner Ehe gar nicht laufen, ich lass mich scheiden.« Dass dies bereits nach vier Wochen so war, hat sicher auch andere überrascht.

Schon 1966 versuchte Beckenbauer, seinen Ruhm als Fußballer auch als Sänger zu vermarkten, und nahm eine Schallplatte mit dem Titel »Gute Freunde kann niemand trennen« auf. Der Titel wird auch heute immer wieder eingespielt, wenn über ihn berichtet wird. Mit dieser Single kam er Ende 1966 in den Charts bis auf Platz 31. Für den Tütensuppenproduzenten Knorr machte er Werbung für Suppen (Slogan: »Kraft in den Teller – Knorr auf den Tisch«) im Vertragswert von 12.000 Mark.

Schuster, bleib bei deinem Leisten, kann ich nur sagen. Aber wenn das Anbringen von Thermopenfenstern mit Doppelverglasung zur Mittagszeit die zwölffache Kohle bringt, dann scheiß ich doch auf diese abgedroschene Redewendung und stell die Leisten einfach mal zwei bis drei Jahre in die Ecke. Dann nehme ich ein Lied auf und reise als »Bauer sucht Frau« mit Schäferstab in der Hand so lange um den Globus, bis ich mir einen fetten Claas-Trecker auf den Hof stellen kann statt dieser alten Krücke mit den morschen Reifen und dem Herzschrittmacher im Motor. Also: Nicht immer nur blind geradeaus laufen und machen, was alle machen, sondern einfach mal was Neues ausprobieren. Und wenn's noch so bescheuert klingt. Vielleicht bieten Sie als Staubsaugervertreter dem Kunden ein kostenloses Scientology-Auditing mit an. Dann ist er so verängstigt, dass er zwar den Sauger nicht will, aber 50 Paletten Beutel und zwölf Aufsätze für die alte Miele-Möhre. Oder Sie verkaufen als Anlageberater der Sparkasse nicht nur blöde Deka-Fonds mit 20 Prozent Ausgabeaufschlag, sondern Berliner mit Haargel-Füllung. Einfach mal so. Mal gucken, was passiert. Oder Sie setzen Ihrem Nachbarn keine Garage vors Panorama-Fenster, sondern montieren mithilfe von Kumpels aus'm Bingo-Club einfach 'ne zwölfstöckige Achterbahn im Vorgarten. Und wenn Herr Nölemann von nebenan ausrastet und die Bullen rufen will, stellen Sie den CD-Player auf die Fensterbank und spielen »Gute Freunde kann niemand trennen«. Anschließend servieren Sie ihm noch 'ne Tütensuppe von Knorr und laden ihn zur Weihnachtsfeier ein. Da wird auch der Nölemann irgendwann vielleicht sagen: »Jo gut, sicherlich ... was interessiert mich mein Gemecker von gestern.«

Übrigens: Beckenbauer ist ein leidenschaftlicher Golfspieler mit Handicap 8.

Ganz wichtig: Suchen Sie sich – wie der Kaiser – einen Ausgleich zum Beruf. Gehen Sie in die Kirche oder zur Teufelsaustreibung. Besuchen Sie Museen oder zumindest Verwandte. Die sind zwar meist nicht so wertvoll, aber meine Großtante mütterlicherseits war im Gesicht auch immer sehr hübsch bemalt. Und wenn Sie einen Ausgleich für sich entdeckt haben – Billard, Gina-Wild-Videos, Fußnägelkauen –, dann betreiben Sie dieses Hobby mit der nötigen Ernsthaftigkeit. Zeigen Sie Engagement, denn nur dann lenkt es Sie auch wirklich vom Alltag ab. Wenn Sie als Freizeit-Domina immer nur halbherzig bei der Sache sind, wird Sie das nicht fesseln bzw. Ihr Gegenüber ... äh ... ich meine Ihr Untendrunter ... also, Sie wissen schon ...

Andere tolle Hobbys und Spiele zur Freizeitgestaltung:

- ✰ Mikado mit Nudeln al dente
- ✰ Wer hat Angst vor dem kleinen Mann (spielen die in der Formel 1 immer mit Bernie Ecclestone)
- ✰ Tontauben füttern
- ✰ Mensch ärgere dich doch
- ✰ Mein rechter, rechter Platz ist frei (sehr beliebt auf NPD-Parteitagen)
- ✰ Einkaufswagen zusammenschieben
- ✰ Wolken zählen
- ✰ Mohnkuchen anpflanzen

Franz Beckenbauer war von 1966 bis 1990 in erster Ehe verheiratet. Die 1990 geschlossene Ehe mit seiner zweiten Ehefrau Sybille wurde 2004 geschieden. Am 23. Juni 2006, dem Tag der letzten Vorrundenspiele der Fußballweltmeisterschaft 2006, heiratete Beckenbauer ein drittes Mal.

Ein anderes – an dieser Stelle sehr passendes – Sprichwort lautet »Übung macht den Meister«. Und wenn's die erste Frau eben nicht ist, dann vielleicht die zweite oder die achte. Dschingis Khan hatte bekanntlich sieben Frauen in einer Nacht. Gut, darüber können Tiger Woods und der Zwergterrier meines Nachbarn nur lachen, und auch Jesse James, dem zukünftigen Exmann (oder vielleicht doch bald wieder Gatten ...) von Sandra Bullock, entlockt diese

Zahl grade mal ein müdes Schmunzeln. Aber immerhin. Der Mann war bemüht.

Unser Mongolenführer (Regiment zwischen 1208 und 1227 n. Chr.) hat sich Nacht für Nacht total engagiert durchgenudelt. Nur um rauszufinden, welche die Richtige ist. Aber verkehrt ist das nicht. Lieber 30 bis 40 falsche Frösche küssen und am Ende einmal den Richtigen als 30 bis 40 Jahre die dicke braune Kröte mit dem fetten Bentley knutschen. Und am Ende stellt man fest, dass der schlecht rasierte Kioskbesitzer an der Ecke mit dem fehlenden Eckzahn und der Nazi-Tätowierung eigentlich der weiße Ritter gewesen ist, auf den Sie all die Jahre vorm Milliardärsclub gewartet haben.
Also, machen Sie es wie der Kaiser, die Lichtgestalt, der liebe Gott des Fußballs. Heiraten Sie. Von mir aus in der Mittagspause oder im Wartezimmer Ihres Lieblingsurologen. Völlig wurscht.

Hauptsache, Sie kriegen ein Gefühl dafür.

Zusammenfassung:

- ☆ Achten Sie penibel darauf: Qualität statt Quantität.
- ☆ Wenn Ihnen jemand auf die linke BACKE schlägt, dann halten Sie auch die rechte FAUST hin.
- ☆ Erringen Sie große, sagenhafte Siege.
- ☆ Entscheiden Sie sich für einen längeren Auslandsaufenthalt (nur nicht Ostfriesland).
- ☆ Setzen Sie Erfolgsduftmarken.
- ☆ Feiern Sie wie die alten Römer.
- ☆ Wenn's am schönsten ist, soll man aufhören.
- ☆ Schuster, vergiss deinen blöden Leisten.
- ☆ Übung macht den Deutschen Meister.

LOTHAR MATTHÄUS

GEWOLLT HAB ICH SCHON GEMOCHT

Lothar Herbert Matthäus (21. März 1961 in Erlangen) ist ein deutscher Fußballtrainer und ehemaliger Fußballspieler.*

Der gelernte Raumausstatter (auf fränkisch-loddarisch: »Rrrraoum-aous-staddä«) und frühere Mittelfeldspieler und Libero ist Rekordnationalspieler der Nationalmannschaft (»Rrrrekott-nationall-spielä«).
Sein größter Erfolg war der Gewinn der Fußballweltmeisterschaft 1990. Darüber hinaus wurde er Europameister, mehrfach deutscher Meister, Pokalsieger und italienischer Meister.
Außerdem ist Lodda nachweislich vierfacher Ehemann, dreifacher Vater und angeblich langjähriges Mitglied im Videoring. (»Ja gutt, dos is rrrichtig, äh, ich frrrreu mich übba diesä Auszeichnunk und nehm den Jahrrrrrös-beitrrrrach von Zwölftausenteurrrrrrrrrrro gern-innKaufffff.«)

Matthäus startete seine Karriere beim FC Herzogenaurach. Daher auch der auffällig fränkisch-loddarische Dialekt.
Er spielte für Borussia Mönchengladbach (1979 bis 1984) in der Bundesliga, erlebte seine Karrierehöhepunkte beim FC Bayern München (1984 bis 1988, 1992 bis 2000) und von 1988 bis 1992 bei Inter Mailand in Italien. Seine aktive Karriere ließ er 2000 in den USA bei den New York New Jersey MetroStars ausklingen. Während dieser Zeit wurden vor allem Jogging-Bilder zusammen mit Maren Müller-Wohlfahrt – der Tochter von Dr. Winnetou Wohlfahrt – nach Deutschland übermittelt.

Dieser Wahnsinnskerl steht auf der FIFA-Liste der besten lebenden Fußballer, ist nach Fritz Walter, Uwe Seeler und Franz Beckenbauer der vierte Ehrenspielführer der deutschen Nationalmannschaft, hat mehr Länderspiele als der Kaiser auf dem Buckel und hat mit über 38 Jahren noch ein mordswichtiges Tor erzielt (1999 beim Confed-Cup in Mexiko gegen Neuseeland – wohlgemerkt: In dem Alter kommt für die meisten Fußballer allenfalls noch betreutes Public Viewing infrage!). Da fühlt man sich klein und nichtig, und der Pokal für die größte selbst gezogene Möhre der Schrebergartenanlage »Klein, aber mein« scheint gar nichts Dolles mehr zu sein. Aber: Trotz seiner unglaublichen Erfolge ist das Ansehen von Lothar Matthäus in der deutschen Öffentlichkeit eher – sagen wir »diskussionswürdig«. Dies mag daran liegen, dass unser ehemaliger Leitwolf manchmal etwas zu ausführlich und zu abstrus in diverse Mikros quasselt. Nicht dass so etwas nicht auch mir gelegentlich passieren könnte, aber meine Bestrebungen, irgendwann mal Bundestrainer zu werden, sind in etwa so groß wie der IQ einer Packung Bundeswehrkekse. Aber ganz ehrlich, ich mag den Loddar so, wie er ist. Sonst wären uns folgende Formulierungen sicher durch die Lappen gegangen.

Original Lodda'sche Worthülsen:

- ☆ Wir sind eine gut intrigierte Truppe.
- ☆ Schiedsrichter kommt für uns nicht infrage. Schon eher etwas, das mit Fußball zu tun hat.
- ☆ Die Schuhe müssen immer zum Gürtel passen.
- ☆ Wichtig ist, dass er jetzt eine klare Linie in sein Leben bringt (zur Kokain-Affäre Daum).
- ☆ Ey, Mädels, unser Schwarzer hat den Längsten (gemeint war Mitspieler Adolfo Valencia).
- ☆ Es ist wichtig, dass man 90 Minuten mit voller Konzentration an das nächste Spiel denkt.

- I hope we have a little bit lucky (Pressekonferenz New York Metro Stars).
- Ein Lothar Matthäus spricht kein Französisch.
- Jeder, der mich kennt und der mich reden gehört hat, weiß genau, dass ich bald Englisch in sechs oder schon in vier Wochen so gut spreche und Interviews geben kann, die jeder Deutsche versteht.
- Sis are different exercises. Not only bumm (beim Training mit Partizan Belgrad).
- Das Chancenplus war ausgeglichen.
- Ich habe gleich gemerkt, das ist ein Druckschmerz, wenn man draufdrückt.
- Gewollt hab ich schon gemocht, aber gedurft haben sie mich nicht gelassen.
- Manchmal spreche ich zu viel.

Nichtsdestotrotz bleibt Lodda – neben Manni, dem Libero – einer der erfolgreichsten Fußballspieler, die wir jemals hatten.
Matthäus spielte zunächst als Mittelfeldspieler und später als Libero von 1980 bis 2000 150-mal (23 Tore) für die deutsche Fußballnationalmannschaft. Er nahm als bisher einziger deutscher Spieler an fünf Weltmeisterschaften teil. Zudem wurde er Vizeweltmeister 1982 und 1986. Weltmeister 1990 wurde er als Kapitän der Nationalelf durch ein 1:0 gegen Argentinien.

Mit dieser herausragenden Leistung wäre man in anderen Ländern, wie etwa Argentinien, Ghana, Tuvalu oder Legoland, auf Lebzeiten ein Volksheld und bräuchte seine Brötchen beim Bäcker niemals mehr zu bezahlen. Außerdem bekäme man sogar beim Gang zum Dixi-Klo einen roten Teppich ausgerollt und der Staatspräsident himself würde einem wahrscheinlich den Arsch mit Watte abwischen.

Man würde auf Händen getragen, bekäme Geld, Frauen, Autos und so viele Payback-Punkte, wie man nur will. Nicht so in Deutschland. Dort war der Sportsgeist schon immer sehr groß, wenn es darum ging, die eigenen Idole spätestens nach Ende der aktiven Laufbahn öffentlich zu demontieren. Dies mussten unter anderem auch Boris »Besenkammer« Becker, Henry »Ich kämpfe nur gegen Fallobst« Maske und Franzi van »Speck« Almsick erfahren. Letztere wurde sogar schon während der aktiven Laufbahn zum Spielball der Medien und wahrscheinlich sogar von der »Bäckerblume« und dem »Wachturm« denunziert. Nicht fair.

Einzig Skisprung-Ass und BRAVO-Gold-Otto-Gewinner Sven Hannawald machte es nach seinem phänomenalen Triumph bei der 50. Vierschanzentournee 2001/02 goldrichtig, als er sich – gefühlt – unmittelbar nach der Pokalübergabe selbst demontierte und, Hokuspokus, ein Burn-out-Syndrom aus dem Helm zauberte. Ansonsten wären wahrscheinlich spätestens zwei Minuten nach Karriere-Ende oder vielleicht sogar schon während der letzten Telemark-Landung in Lillehammer oder Bischofshofen die Boulevard-Geier über Hannilein hergefallen und hätten ihm Leber, Galle, Milz und Blutzuckerspiegel aus dem 30 Kilogramm schweren Athletenkörper gerupft. Einzig allein aus diesem Grund habe auch ich mich vor ein paar Jahren, nach dem großartigen Erfolg mit dem SV Lippstadt Zweite Mannschaft und dem damit verbundenen Nichtabstieg aus der Fußball-Bauern-Bezirksliga, von der großen Fußball-Bühne eigenständig verabschiedet und fortan nur noch bei unbedeutenden Spielen wie etwa MC Fit gegen Bayern München vor 50.000 Zuschauern in der Arena auf Schalke mitgewirkt. Dass ich nach wie vor regelmäßig in der unterklassigen Kreisliga meine morschen Knochen versuche fit zu halten, tut hier nichts zur Sache, hat aber den großen Vorteil, dass ich zwischen Sauerland und Soester Börde jede Kuh am Rande der Bande persönlich mit Namen kenne und ihre Melkzeiten auch unter enormer psychischer Belastung bei *Wetten, dass..?* fehlerfrei vortragen könnte.

Merke: Wenn man verhindern möchte, dass man im Anschluss an die eigene Karriere – und sei es auch nur als Klassenbester in der Rütli-Schule Neukölln – öffentlich demontiert wird, sollte man die Karriere am besten bis zum Lebensende durchziehen. Zugegeben, für einen Profisportler, der nicht grade im Bereich Schach, Mikado oder Klosteine-Lutschen tätig ist, ein schwieriges Unterfangen. Wer aber als Tänzer, Sänger oder Schauspieler in Lohn und Brot steht, hat bessere Chancen. Johannes Heesters etwa weiß um die Gefahren des Karriere-Endes und schiebt dieses deswegen nun schon seit Jahrzehnten vor sich her. Als normaler Arbeitnehmer wäre Heesters eigentlich bereits 1969 in Rente gegangen. Stattdessen singt und schauspielert er sich immer noch halb blind durch die Republik. So wurde ihm der Satz »Der Hitler war ein guter Kerl« auch nicht zum Verhängnis. Aber wie auch? Was hätte man mit ihm anstellen sollen? »Herr Heesters, das geht einfach nicht, Sie bekommen zehn Jahre Auftrittsverbot.« Da hätte der Heesters geantwortet: »Ist gut, ich melde mich dann 2020 wieder bei euch. Kann aber sein, dass ich dann alleine komme, weil ich weiß nicht, ob die Simone noch so lange lebt.« (Keine Angst, sie ist bester Gesundheit und kaut dem Jopi zur Stunde die Milchsuppe vor.)

Im April 1992 erlitt Lothar Matthäus einen Kreuzbandriss und konnte nicht an der Europameisterschaft teilnehmen. Nach einem Riss der Achillessehne, den Matthäus am 25. Januar 1995 bei einem Testspiel gegen Arminia Bielefeld

erlitt, war Lodda länger verletzt und erst zur EM 1996, zu der er jedoch nicht nominiert wurde, wieder fit.
Bedeutet: Auch größere Rückschläge – seien sie körperlicher oder seelischer Art – muss man im Laufe einer Karriere wegstecken können. Nicht immer haben wir »Normalos« dabei die Möglichkeiten eines Matthäus, der damals in Bielefeld noch am gleichen Abend unters Messer kam. Doch sollten auch Sie sich mal den Abzugsfinger auskugeln, obwohl Sie eigentlich für den 24.12. einen Amoklauf bei Douglas oder in der Parfümerie Pieper geplant hatten, ist ganz wichtig, dass Sie nicht sofort aufgeben, sondern eventuell auf Steinschleuder, Tränengas oder Fliegenklatsche umsteigen.

Der Grund für Loddas Nicht-Nominierung war aber auch, dass er sich mit Bundestrainer Berti Vogts überworfen hatte, dessen engster Vertrauter in der Mannschaft Kapitän Jürgen Klinsmann war. Zwischen Matthäus und Klinsmann, die zu dieser Zeit bei Bayern München, wie schon vorher bei Inter Mailand, in einem Verein spielten, herrschte ein erheblicher Konflikt. Beachte: Genauso wichtig im Leben wie Freunde sind ehrenwerte Feinde. Vor allem wenn sich diese auf Augenhöhe befinden, helfen sie ungemein, den eigenen Schweinehund zu überwinden und neue Höchstleistungen abzurufen. Denn nichts spornt so sehr an wie eine gesunde Portion Hass. Wer grade keinen offensichtlichen Feind griffbereit hat – weil die Schwiegermutter in Australien wohnt und Ihr Chef Ihnen gestern eigenmächtig eine Gehaltserhöhung angeboten hat –, kann sich innerhalb weniger Tage einen basteln. Einfach mal die eigene Mülltonne demonstrativ auf dem Grundstück des Nachbarn parken und jeden Abend ab 23 Uhr 30 die Rammstein- oder Marilyn-Manson-CD auf Maximum-Volume drehen, und schon ergeben sich erste Risse in der einst so guten Nachbarschaft. Wenn Sie dann auch noch mit Ihrem Schlüssel einen schönen Hundertwasser auf seine Motorhaube zaubern und dem dreijährigen Nachbarssohn den Besen in die Dreirad-Speichen halten, ist eine langjährige Feindschaft in greifbarer Nähe. Weitere Ideen, um Feinde zu gewinnen, sind:

- ☆ Schütten Sie heimlich Tabasco in den Latte macchiato Ihrer Frau.
- ☆ Drohen Sie dem netten Streifenpolizisten aus der Fußgängerzone zum wiederholten Male mit einer Dienstaufsichtsbeschwerde.
- ☆ Beißen Sie dem Yorkshireterrier von gegenüber ins Bein und pinkeln Sie regelmäßig an die Mauer neben Ihrer Einfahrt.
- ☆ Rufen Sie zehnmal am Tag das Pizzataxi und machen Sie die Tür nicht auf.
- ☆ Bewerfen Sie den Postboten mit Wasserbomben oder setzen Sie den Briefkasten unter Strom.
- ☆ Schicken Sie Penisverlängerungs-E-Mails an Ihren Chef.
- ☆ Verwackeln Sie in der ambulanten Notaufnahme jedes Röntgenbild.
- ☆ Fressen Sie Ihrem Wellensittich die Körner weg und stellen Sie seinen Käfig ins Gefrierfach.
- ☆ Spielen Sie an Heiligabend auf der Kirchenorgel »Highway to Hell«.
- ☆ Betrügen Sie Ihren Ehegatten mit seinem besten Freund oder seinem größten Feind.
- ☆ Reden Sie nur von sich und hören Sie anderen niemals zu.
- ☆ Werfen Sie Bomben auf London und brechen Sie einen Nichtangriffspakt mit Russland.

Na dann, viel Spaß!

Zusammenfassung:

- ☆ Werden Sie Rekordhalter in Ihrer Spezialdisziplin.
- ☆ Reden Sie sich um Kopf und Kragen (die Redaktionen von *Exclusiv, Taff, Red* und *Prominent* laden Sie dann garantiert auch zur Weihnachtsfeier ein).
- ☆ Beenden Sie Ihre Karriere nie (es ist wie bei einer Party: Wenn Sie nicht wollen, dass über Sie gelästert wird, gehen Sie erst ganz zum Schluss).
- ☆ Gewinnen Sie neue Feindschaften und pflegen Sie diese.

NIKI LAUDA

DER MANN MIT DER ROTEN SPONSORENKAPPE

Der gebürtige Österreicher oder sagen wir der gebürtige Tausendsassa – das Nuschelorakel von RTL (quasi die Krake Paul, nur dass er die Saugnäpfe auf der Zunge trägt) – ist ein gutes Beispiel dafür, dass Niederlagen im Leben einfach dazugehören. So wie Pickel oder Herpes oder eine Scheidung, wenn Sie Joschka Fischer heißen und so schnell joggen, dass Sie auf 100 Metern von mindestens drei Zeitzonen eingeholt werden.

Man überlege: Niki Lauda hatte 1976 auf der Nordschleife vom Nürburgring einen derart schweren Unfall, dass er an der Himmelspforte quasi schon Sturm geklingelt hat. Und nur weil Gott wahrscheinlich gesagt hat: »Sorry, aber mit der Parmalat-Mütze kommst du hier nicht rein«, hat Niki das Ganze überlebt. Und gewinnt im Jahr darauf – Achtung – noch einmal die Formel-1-Weltmeisterschaft. Wahnsinn. Es gibt Leute, die sagen: »Der Lauda ist schon wieder in sein Auto eingestiegen, da hat er noch gequalmt.« Der Mann besitzt jedenfalls eins: Kampfgeist. Und Nehmerqualitäten. Und genau das brauchen Sie auch. Kampfgeist und Nehmerqualitäten. Und damit meine ich nicht, dass Sie im Rewe heimlich die Tiefkühlhähnchen unterm Pulli nach draußen schmuggeln sollen. Nein. Ich meine: Sie müssen durchhalten. Nicht immer gleich aufgeben. Nur weil Ihre Lieblings-Basketball-Mannschaft (eine Truppe aus kleinwüchsigen Möchtegern-Shaquille O'Neals) im Testspiel gegen die Brose Baskets grade mit 2:135 hinten liegt. Hey, vielleicht fängt's ja gleich an zu regnen, das Hallendach ist undicht und das Spiel wird abgebrochen.

- ✰ Oder Dirk Nowitzki unterschreibt kurzfristig einen Amateurvertrag bei Ihrem Club, weil er auf den Millionen-Dollar-Wahnsinn in der NBA einfach keinen Bock mehr hat.
- ✰ Oder ein Ufo landet, und die grünen Männchen sind gar nicht grün, sondern groß, schwarz und besser als die Harlem Globetrotters, die Chicago Bulls und Flip der Grashüpfer in Personalunion.

Denn genau so denkt ein Niki Lauda. Also, denke ich jedenfalls, dass er so denkt. Vielleicht ist es aber auch nur ein Reflex. Denn als Formel-1-Rennfahrer muss man schließlich jede Sekunde hochkonzentriert sein. Da haben es Golfer wesentlich einfacher. Die brauchen Reflexe maximal am 19. Loch. Wenn Sie mit Tiger Woods eine Tabledance-Bar in Las Vegas stürmen.

Oder Fußballer. Die haben auch wesentlich mehr Zeit. Jedenfalls ist eine gut geschlagene Ecke bestimmt zwei bis drei Sekunden in der Luft, ehe der Ball auf den Kopf von Carles Puyol fällt. Alles in allem sind die Burschen bei Weitem nicht so hart im Nehmen wie die Formel-1-Cracks. Cristiano Ronaldo etwa. »Wenn dem ein Brusthaar ausfällt, denkt der doch sofort ans Karriere-Ende. Oder zumindest an eine achtwöchige Reha mit psychosomatischem Klinikaufenthalt. Bei einer Nagelbettentzündung verdreifacht sich das natürlich noch mal.« Das sagen zumindest die Fans vom FC Barcelona. Es gibt natürlich auch Ausnahmen. Denken wir an das WM-Finale von Johannesburg zwischen Spanien und Holland. Da hätte der ein oder andere Katalane, Madrilene oder Baske ein Ganzkörper-Monocoque gut gebrauchen können. Vonseiten der Käsköppe waren das in Halbzeit eins teilweise Szenen wie bei der Christenverfolgung.

Alles in allem gilt: durchhalten, einstecken, wegstecken, weiter. Legen Sie Niki-Qualitäten an den Tag.

1. Bei KiK an der Grabbelkiste, wenn die Horde Elefantenfrauen Sie partout nicht an die Superschnäppchen lässt. Spielen Sie einfach lauthals die Verkäuferin und laden erst mal alles in Ihren Wagen. Jede Größe, jede Farbe. Sortieren können Sie später.

2. Sie verstehen die Aufbauanleitung von IKEA wieder nicht? Willkommen im Club. Aber kein Problem. Geben Sie sich als erster Mann auf der Welt die Blöße und rufen Sie die Hilfe-Hotline an.

3. Sie haben sich geschworen, nie wieder bei der Telekom anzurufen. Aber auf der letzten Rechnung haben sich die Jungs mal wieder um ein paar Nullen vertan. Sie wissen: Was jetzt kommt, ist ein monatelanges Martyrium. Nehmen Sie trotzdem den Hörer in die Hand und tun Sie es. Begeben Sie sich auf den langen Weg durch die Warteschleife, durch alle Abteilungen, die nicht zuständig sind, und kämpfen Sie. Auf Leben und Tod. Für Gerechtigkeit, für Menschlichkeit, für uns alle!

4. Sie sind Gott und müssen Menschen wie George W. Bush, Katie Price oder Diego Maradona trotzdem lieb haben. Obwohl Letzterer Ihnen sogar Ihre Hand geklaut hat ...

Dann ist die Zeit gekommen, um Niki-Qualitäten abzurufen!
Natürlich gibt es auch Momente im Leben – und das ist ganz wichtig –, in denen Sie mal abschalten sollten. Körper und Geist brauchen auch ihre Ruhephasen. Sonst ha-

ben auch Sie irgendwann Ihr Burnout, Ihr Chronic Fatigue Syndrome, Ihren Schnauze-voll-Schnupfen.
Deswegen sollten Sie den Niki den Niki sein lassen und dringend eine Pause einlegen, wenn ...

... Sie als Supermarktkassiererin zu Hause den Frühstückstisch decken und sich dabei ertappen, wie Sie die Lebensmittel über's Ceranfeld ziehen und warten, dass es »piep« macht.

... Sie Lehrer sind und anfangen, Liebesbriefe Ihrer Freundin mit Rotstift zu korrigieren.

... Sie als Tankwart essen gehen und der Kellner im Restaurant Ihnen die Karte gibt und Sie sagen statt »danke« nur: »Magnetstreifen unten rechts, Geheimzahl und bestätigen.«

... Sie Spülmaschinen reparieren und Ihre Frau Sie um eine Rückenmassage bittet, Sie aber nur einen kritischen Blick drauf werfen und kopfschüttelnd sagen: »Nee, das Ding ist hinüber, da muss ein komplett Neuer her.«

... Sie Zollbeamter am Nacktscanner sind und Ihre Frau sich ganz viel anziehen soll, damit sie für Sie richtig sexy aussieht.

Dann sollten Sie eine Pause machen.

Sehr interessant:
Niki Lauda trägt vier Nieren im Körper. Da die eigenen Nieren als Folge der Medikamente nach seinem Unfall in ihrer Funktion stark nachgelassen haben, sind ihm zwei weitere Nieren (Spendernieren) eingepflanzt worden. Die

erste wurde 1997 von seinem Bruder Florian Lauda gespendet, die zweite 2005 von seiner Lebensgefährtin Birgit Wetzinger. Vier Nieren! Und unsereins muss mit zweieinhalb Gehirnzellen klarkommen. Besonders auffällig war und ist übrigens auch das Kappensponsoring von Herrn Lauda. Seit Jahren trägt er eine rote Mütze mit den Aufdrucken »Parmalat«, »Oerlikon« oder »Viessmann« und verdient sich so 'ne kleine Mio nebenbei. Und damit ist er nicht allein. Inzwischen machen das fast alle Promis. Sponsorenwerbung auf der Mütze, am Hemdkragen, sogar auf dem frisch rasierten Rücken. Natürlich nur, wenn Sie Cheeta heißen oder King Kong oder Nikolai Walujew. Aber selbst für uns Sterbliche ist das eine Bombenidee. Lassen Sie einfach Ihr komplettes Leben versponsoren. Auf Ihrem Dekolleté zum Beispiel »Sonnenstudio Brand – Rot ist ein Gefühl« oder ...

- ☆ Vorne auf den Schneidezähnen ein dezenter Schriftzug: »Doktor Ehlers – Ihre Zahnarztpraxis mit Niveau«
- ☆ Unter Ihren Schuhen: »Ich liege hier, weil Becks Gold schneller und billiger besoffen macht.«
- ☆ Auf der Kofferraum-Klappe Ihres Autos: »Geben Sie ruhig Gas, ich bin Allianz versichert.«
- ☆ In den Haaren ein kleiner Zettel: »Frisur gestaltet von Friseur-Salon Haarmonie«
- ☆ Auf Frauenbeinen einen schönen, dicken, schwarzen Aufdruck: »BRILLUX Strumpfhosen ... so fein, als hätten Sie gar keine an.«
- ☆ Auf Ihrem Pullover im Büro: »Ich bin Fan vom Chef.« Da ist die Gehaltserhöhung nur noch eine Frage der Zeit (... Sie Schleimer!)

Mancher wird denken: Was ein Quatsch. Aber überlegen Sie mal, fast jeden Tag tragen wir kostenlos Werbung für

Aldi durch die Stadt. Wir tragen freiwillig Werbung für Adidas, Puma oder Superfly. Und verdienen nicht einen Pfennig. Das könnt dem Niki nicht passieren!

Zusammenfassung:

- ☆ Sie brauchen Kampfgeist und Nehmerqualitäten. Schauen Sie sich BP-Chef Hayward an: Der ging trotz Ölkatastrophe in Ruhe segeln. Aber der glaubt wahrscheinlich auch, das sind keine ölverklebten Vögel, die da am Strand angespült werden, sondern lauter Porno-Möwen im Latexanzug.
- ☆ Wenn's gar nicht mehr geht, machen Sie eine schöpferische Pause. Spannen Sie mal aus. Machen Sie Urlaub. Aber bitte nur fünf Minuten! Und dann geht's weiter.
- ☆ Versponsoren Sie Ihr Leben. Fangen Sie mit kleinen Dingen an. In der Schule etwa. Sprühen Sie auf die Klotür ganz links: »Hier raucht Patrick heimlich Roth-Händle ohne Filter.« Oder stellen Sie im Freibad ein Schild auf: »Tanja pinkelt Valensina in den Pool.« Da verdienen Sie zwar erst mal noch nix, aber Sie gewöhnen sich an das Gefühl.

HELGE SCHNEIDER

BONBON AUS WURST

Ich bekam gerade noch einen Big Mac durch die Plexiglasöffnung geschoben, bevor der Scheißladen zumachte. Es war fünf Uhr morgens. Mein 220er Mercedes schob sich schwerfällig durch den Berufsverkehr. Ich war wohl nicht der Einzige, der nicht geschlafen hatte, denn einige bewegten sich auffällig müde durch die Gegend. Ein Typ stand an der Ampel, er hatte Grün, doch er bemerkte es zu spät. Als er endlich losschlurfen wollte, spritzte ich ihm mit meinen Diagonalreifen den halben Inhalt der Regenwasserpfütze an den hellen Popelinmantel. Er fluchte, ich sah es im Rückspiegel.

Ich kam von der Arbeit. Hamburg, da hatte ich ein paar Tage in einem der schäbigen, aber gut frequentierten Varietés gastiert. Meist kamen irgendwelche Angeber, mit ihren Tussis, aufgetakelt und am Samstag nicht auszuhalten. Wär ich lieber Raumausstatter geblieben. Ich hielt an diesen Tagen manchmal stundenlange Monologe im Hotelzimmer vor dem Spiegel, damit ich mal einen nor-

malen Menschen vor mir hatte. Ich hatte mich am Vortag rasiert, sodass die Stoppeln noch sehr kurz waren. Der Wagen fraß Unmengen Benzin. Doch musste er herhalten, für das Image. Ein Star muss irgendeinen blöden Wagen fahren oder einen Spleen haben, der nicht alltäglich ist, zum Beispiel teures Werkzeug sammeln wie ich. Die Türen waren bereits vom Rost zerfressen, und ich hatte die unteren Hälften mit Klebeband und weißer Farbe für den TÜV zurechtgefriemelt.
Ich habe nichts gegen Leute. Normalerweise bin ich immer freundlich. Aber heute dachte ich nach. Ich sah im Vorbeifliegen so viele Veränderungen in der Welt, wie konnte das alles in so kurzer Zeit geschehen? Auf dem Weg von Hamburg ins Ruhrgebiet konnte ich die Autobahn kaum wiedererkennen, obwohl ich erst vier Tage vorher hergekommen war. Die Baustellen waren allesamt neu. Mir schoss der Gedanke durch den Kopf, dass auch ich mit meinen Steuern für diese Veränderung zur Rechenschaft zu ziehen wäre. Am Ende. Man weiß ja nie, wie die politischen Verhältnisse sich überholen. Und dann kommen sie und wollen alles wieder abreißen.

Ich hatte einen Moment nicht aufgepasst. Ich gab Gas. Damit der Typ, der mir von rechts fast an die Karre geknallt wäre, in letzter Sekunde ausweichen kann. Nichts passiert. Ich kramte währenddessen im Kassettenfach herum. Verdammt, irgendwo muss doch die scheiß Tonkassette von Mötley Crüe sein! Ich warf wütend die ganzen Kassetten durch den Wagen, endlich hatte ich sie. Mit einem Grinsen schmiss ich die Kassette in den Schlitz. Whammmm! Jaaa, genau!!! Meine Augen funkelten. Ich hörte zu. Was für eine Musik! Der Tacho zeigte so um die achtzig an.
An der Gemeinschaftsgrundschule trat ich jäh auf die Bremse. Beinahe! Ich schmiss die Kippe aus dem halb ge-

öffneten Fenster. »'tschuldigung!«, rief ich dem Kind mit dem Riesentornister hinterher. Die sind so klein, die kann man nicht sehen. Deshalb soll man langsamer fahren. So um die dreißig km/h. Aber auch bei zehn Stundenkilometern kann man schon tödlich verunglücken.

Ich musste plötzlich daran denken, wie ich mit dem Schlitten als Sechsjähriger auf dem Bauch liegend mit dem Kopf vor eine Buche gewummst bin. Das tat weh. Das waren bestimmt dreißig Stundenkilometer. Vielleicht. Vielleicht sogar mehr! Oder aber doch lieber weniger? Ich weiß es nicht mehr so genau. Mein Leben hätte ganz anders verlaufen können. Müssen! Doch meine unglaubliche Ungeduld hat mich schließendlich in meine heutige Situation katapultiert. Auch gut. Ich aß den Rest aus der Big-Mac-Schachtel auf. Hm, lecker. Gleich war ich zu Hause, da musste ich wieder so tun, als würde ich ausschließlich Biozeugs essen, und nachher Kuchen bei einem Naturkostkonditor kaufen für die Familie. Na ja, sind ja fast mehr Hunde als Leute. Als ich die Haustür aufschloss, biss mich der eine Hund, wir haben zwei. Er hatte mich nicht sofort erkannt. Ich tröstete ihn mit der Fleischwurst, die ich ihm aus dem Kühlschrank holte. Er aß sie mit einem einzigen Biss. Der andere Hund leckte mir die Knie. Als ich aus der Dusche stieg und mich abtrocknen wollte, erledigten das auch die Hunde. Meine Frau schlief noch, es roch nach Bier und Zigaretten. Ich zündete mir, bevor ich mich hinlegte, noch eine letzte Zigarette vor dem Schlafengehen an.

Es war kalt, ich schloss das Fenster im Schlafzimmer und legte mich rauchend zu Talula *(Name geändert)*. Sie öffnete kurz die Augen. »Tach Schatz, du musst Getränke holen und Butter.« Ihre Stimme klang, als wenn ich meine Kreissäge anwerfe. Manchmal bastel ich nämlich. Die gesamte

Wohnungseinrichtung habe ich selbst gezimmert. Außer ein paar alten Möbelstücken, zum Beispiel einer Couch, die habe ich vor dreißig Jahren auf der Straße gefunden, jetzt schläft der eine Hund drauf. Mit Zigarette im Mund schlafe ich fast ein, kann sie aber noch in dem Joghurtbecher ausmachen, damit die Bude nicht wieder abfackelt. Ist nämlich schon mal passiert. Aber das war ich nicht selbst, sondern meine Tochter. Sie lebt jetzt in Amerika. Ich hab noch andere Töchter. Eine ist Nichtraucherin. Aber nur, weil die noch so klein ist. Komisch, ich hatte über zehn Jahre nicht geraucht. Und jetzt, wo man so schief angeguckt wird, wenn man mit Zigarette im Mund rumläuft, fällt es mir wieder ein. Das Rauchen. Ist irgendwie gut. Man ist jetzt so eine Art Outlaw. Wie Helmut Schmidt und seine Frau.

Ich erinnere mich, dass ich, als ich sechs Jahre alt war, mit dem Schlitten den Abhang herunterfuhr, die Kurve vor der alten Trauerweide nicht bekam und mit dem Kopf an der zerklüfteten Rinde des Baumes aufschlug. Blut klebte in meinen Haaren, und die Rinde war auch etwas rot. Der Schmerz trat nicht sofort ein, erst nach einer Weile. Ich hörte die anderen Jungs wie durch eine dicke nebelige Pappwand. Sie riefen meinen Namen. Ich antwortete nicht. Ich lag nur da, immer noch auf dem Schlitten. Ich war auf dem Bauch den Berg heruntergefahren. Es war eisig, und die Piste war spiegelglatt. In jeder Stadt, in jedem Stadtteil gab es diese sogenannten Todesbahnen. Diese hier war besonders gefährlich. Die Jungs beratschlagten, was sie mit mir anfangen sollten, ich lag außerdem im Weg. Sie zerrten an meinem Schlitten und zogen mich von dem Baum weg. Als einer sah, dass ich blutete, wollten sie meine Mutter holen gehen.

Ich bekam das mit und sprang auf, nein, das wollte ich auf keinen Fall. Außerdem war meine Mutter ja arbeiten. Also fuhr ich noch den ganzen Nachmittag Schlitten. Am schnellsten war man, wenn man sich mit anderen zusammenband, das heißt, die Schlitten wurden mit den Leinen aneinandergebunden. So entstand eine lange Reihe von manchmal acht Schlitten. Der Vordermann hatte den ganzen Tross zu lenken. Die Beine mussten hoch sein, alle lagen auf dem Bauch. Mit Karacho ging's so den Berg hinunter. Das war schon ziemlich gefährlich. Abends, als ich nach Hause kam, bemerkten sie meine Kopfverletzung. Ich bekam eine Tracht Prügel. Nachts, als alle schliefen, kroch ich heimlich aus dem Bett und klaute meinem Vater aus dem Wohnzimmerschrank eine Zigarre. Ich rauchte sie am leicht geöffneten Küchenfenster. Streichhölzer hatte ich aus dem Badezimmer, ich hatte auch schon oft den Badeofen angemacht, deshalb kannte ich mich schon als kleiner Knirps mit Feuer und so aus. Ich klaute, um die Tracht Prügel zu rechtfertigen. Sozusagen als Belohnung.

Die Zigarre schmeckte mir gar nicht. Auch heute sehe ich Parallelen zu jenen Tagen, ich kaufe zum Beispiel am laufenden Band Autos, obwohl sie mir von Anfang an nicht gefallen und ich gar nicht weiß, wohin damit. Auf diese Weise gehörten mir fast alle Automarken, angefangen von Aston Martin über Ferrari und Maserati bis hin zu Honda oder Toyota, ganz zu schweigen von Mercedes, Opel oder Ford. Aber ganz bescheuert ist das herausragende Faible für die Marke Peugeot, mir gehörten tatsächlich schon alle bisher gebauten Typen, angefangen mit einem 1927er Lieferwagen bis zum modernsten Exemplar. Aber ich kann nur ein einziges Auto dieser Marke wirklich lieben, und zwar mein erstes Auto, den 404. Der ist aber schon Schrott. Ich habe diesen Wagen sogar schon drei Mal gekauft, immer wieder denselben. Ich habe die Besitzer ausfindig gemacht und ihn zurückgekauft. Genau wie mein erstes Motorrad, eine 250er BMW mit Seitenwagen. Die habe ich noch. Ich bezahle dafür ca. 25 Euro Versicherung im Jahr.

Da fällt mir wieder der Badeofen ein. Ich habe damals meine Zahnspange da reingeworfen, weil ich sie nachts nicht tragen wollte. Ich hatte den Zahnarzt bekniet, dass er mir erlaubt, sie tagsüber nicht anziehen zu müssen, wegen der Schule, ich hatte ihm gesagt, die anderen Schüler würden sich lustig machen über mich. Und da hat er sie nur für nachts angeordnet und dieses meinen Eltern vermittelt. Doch hatten sie die Überreste dann in dem Badeofen gefunden. Die Drähte waren nicht verbrannt, sie schillerten grünlich. War, glaube ich, Kupfer. Apropos Kupfer: Wer würde von so einem Typen wie mir denken, dass ich nachts auf Baustellen Kabel und so klaue, den Kupfer von dem Plastik trenne und das ganze Metallzeugs auf dem Schrott verkaufe? Niemand. Aber alle denken immer nur: Der Schneider, der hat ja Geld genug. Aber das Gegenteil ist der Fall. Ich habe immer zu wenig. Finde ich. Das ganze Geld, was in den Konzerten reinkommt, geht fast ungefiltert zum Finanzamt. Der Rest geht für Essen drauf und für Instrumente, Klamotten, Kinderspielzeug, Autos, was weiß ich. Wann kann ich meiner Frau mal einen schönen Slip kaufen, vielleicht auch mal eine Blume? So gut wie nie.

Doch manchmal bringe ich von der Autobahn was mit. Dann freut sie sich. Sie ist sowieso eine bemerkenswerte Frau. Ich bemerke sie schon an ihrem Husten, es hallt durch das ganze Haus. Auch der ewige Qualm. Als Raucher jedoch muss man das tolerieren. Wenn ich ehrlich bin, ich rauche zwar selber sehr sehr gerne, aber den Rauch kann ich nicht ab. Vor allem von andern Rauchern. Es geht so weit, dass ich meiner Band allesamt das Rauchen verbiete, aber selber heimlich auf dem Klo rauche. Aber man muss ja Vorbild sein. Vor allem, wenn man Kinder hat. Man hat mich als Junge schon zum Rauchen verführt. Da war ich zwölf oder dreizehn. Ein Größerer war das, der Stratmann von der anderen Straße. Der war drei Jahre älter. Ich wollte das auch können. Nicht nur so wie mit der Zigarre, als ich sechs war. Nein, so richtig Raucher sein, mit allem Drum und Dran, auch Weiber und so. Tanzen gehen, inne Disco. Mal eine aufreißen. So hatte man mir das auf jeden Fall erzählt. Das wäre was. Und Bier trinken. Ich bestellte mir bei Wicküler einen halben Liter Bier und trank ihn auf ex.

Ja, so ging das. Ich war erst dreizehn, sagte aber dem Wirt, dass ich schon älter bin. Der war ein dufter Typ, der kannte meinen Vater gut, das wusste ich nicht. Und trotzdem ließ er mich das Bier trinken. Er meinte es gut. Er dachte, davon würde mir schlecht und ich würde nie mehr ein Bier trinken wollen.

Ein paar Jahre später, als ich in derselben Kneipe Jägermeister trinken wollte, nahm er mich zur Seite und hielt mir einen Vortrag über Alkoholismus. Ich sah ein, dass das nicht gut ist. Aber noch nicht sofort. Erst ein Penner auf dem Bahnhof musste mich überzeugen, dass Alkohol scheiße ist. Ich stand mit einer Flasche Wermut auf dem Bahnsteig, da kam er an, unrasiert und mit ein paar Tüten in den Händen, es war kalt, und er fror. Er schaute mich an und sprach mit mir. Ich solle nicht stolz darauf sein, jetzt unbedingt diese Flasche Wermut in der Öffentlichkeit trinken zu wollen, ich solle aufpassen, wie schnell würde man süchtig nach diesem Zeug, er weiß, wovon er spricht. Dann ging er weiter. Mein Zug kam, und ich schmiss die Flasche in den Papierkorb aus Stahl. Ich werde das trockene Klirren der Flasche nie vergessen. Für mich die Rettung. Ich bin diesem Typen bis heute dankbar. So ist das Leben. Es gibt Situationen, die prägen einen in Sekunden.

Wenn ich darüber nachdenke, was mich am meisten motiviert hat, Musik zu machen, fallen mir einige wenige Konzerte ein, bei denen ich das Glück hatte, dabei sein zu dürfen. Da sind erst einmal die paar Konzerte der Superlative, wie zum Beispiel die Sänger, die ich gesehen habe, live, Sammy Davis junior, Frank Sinatra, Tony Bennett und, nicht ganz live, aber im Fernsehen in einer Live-Übertragung, Elvis. Aber noch mehr Thrill gaben mir die Konzerte, wo ich näher dran war, zum Beispiel habe ich, und das verdanke ich vielleicht meiner Intuition, den Pianisten Teddy Wilson live in der Stadthalle meiner Heimatstadt gesehen, oder den Geiger Joe Venuti. Jazzlegenden. Dexter Gordon war ein Erlebnis, genauso wie Dizzy Gillespie oder Freddie Hubbard. Und bei Sonny Rollins war ich schon dreimal. Als ich Sammy Davis gesehen habe, 1976, saß am Schlagzeug Buddy Rich. Und am Bass war Al McKibbon. Sammy Davis sang »Girl from Ipanema«, nur von Bass und Schlagzeug begleitet. Wenn ich heute daran denke, weiß ich, dass so etwas nie mehr vorkommt. Es ist Vergangenheit in der Musikgeschichte, die mit der Schnelllebigkeit unserer Zeit nicht konkurrieren kann. Von Beethoven wird man immer sprechen, von Buddy Rich nicht. Den Jazzschlagzeuger kann man nicht fassen, man kann ihn nicht konservieren. Er spielt, solange er lebt. Ich höre kaum Schallplatten, ich habe erfahren, wenn man mal jemanden live gesehen hat, reicht das fürs ganze Leben. Ich muss davon keine Reproduktion haben. Aber ich denke oft daran.

Die Ente springt mal wieder sofort an. Irgendetwas muss verkehrt sein. Bei jedem Wetter. Ich habe heute versucht, eine grüne Plakette für den Wagen zu bekommen. Geht nicht. Obwohl die Ente ja nur ein paar Liter Benzin verbraucht. Mein Chevrolet-Van hat die grüne Plakette, er verbraucht circa zwanzig Liter auf hundert Kilometer, wahrscheinlich aber weitaus mehr, so in der Stadt. Ich fahre trotzdem mit der Ente, weil sie sehr bequem ist. Und es ist mir sogar schon von einem, dem ich wohl zu langsam war, angedroht worden, mich kaltzumachen. Das macht mir immer Spaß. Ich klebe mir manchmal, nur zum Vergnügen, ein Schild hintendrauf mit der Aufschrift »6 Kilometer«. Der Mercedes ist nur für besondere Anlässe. Er gehört sowieso meiner Frau. Dementsprechend sieht er auch aus.

Total verbeult. Es ist eine Muss-Ehe. Sie wusste nicht, wen sie sonst nehmen sollte. Ich kannte sie gerade zwei Tage. Widerwillig schlug ich ein. Wegen der Mitgift. Ihr Vater ist Graf. Pornograf. Nein, Spaß beiseite, mein Privatleben geht keinen was an. Deshalb schreibe ich dieses Buch. Ich habe eben Dschungelcamp gesehen. Da hat einer Krokodilfüße gegessen. Und Augen. Was soll denn das? Ich sehe mich schon in ein paar Jahren auch in einem dieser Camps, wie ich lebendige Quallen schlürfe und wie der Kameramann mir beim Kacken mit der Kamera zwischen den Beinen rumfummelt, um vollgeschissen zu werden. Vielleicht habe ich dann keine Wahl. Ich denke, besser ist, wenn kurz vorher ein Komet in die Erde einschlägt, mindestens dreißig Kilometer Durchmesser.

In Paris ist schlechtes Wetter. Ich gehe über die Champs. Die Silhouette des Arc de Triomphe steht fast drohend rechter Hand gen Himmel. Ich biege zum Montmartre ab.

Schlurfe die letzten Stufen zum Büro unserer Auslandsagentur hoch. Der Franzose, der mich für Konzerte bis runter zur Côte d'Azur bucht, macht wohl ein Nickerchen. Ich schlage an den Türring. Oder er steht auf dem Klo. Ich hasse die Toiletten in Frankreich, seitdem ich mir einmal auf die heruntergelassene Hose geschissen hab in dieser blödsinnigen Haltung. Eine weiße Lee-Jeans. Nach einer Weile öffnet Alain.

»Bonjour, Monsieur Schneider, ça va?« Ich antworte in Deutsch, weil ich des Französischen zwar mächtig bin, aber keine Lust habe. Es muss reichen, wenn ich meine ganzen Songs und die Ansagen auf Französisch runterspulen kann. Nach einer Viertelstunde verlasse ich das Büro. Fotos für Plakate sind ausgesucht, und man hat mir ein paar lukrative Gigs in Marseille, Bordeaux und Avignon angeboten. Zusammen mit Johnny Hallyday, einem wahnsinnig berühmten Rock-and-Roll-Heroen. Und natürlich Paris, Place Pigalle. Drei Tage. Schon ausverkauft. Mal sehen, vielleicht geh ich da gar nicht hin. Man muss immer mal wieder für Irritationen sorgen, sonst spricht die Welt nicht genug über einen, dann kann man seinen Beruf an den Nagel hängen, dann kommt nämlich keiner mehr.

In den Zentralhallen esse ich zu Mittag. Zufällig treffe ich Robert De Niro, wir sind gute Freunde. Ich frage ihn nach Al, wie es ihm so geht, ich hatte gehört, dass er auf dem linken Ohr fast taub ist. Diese Rollen, wo man immer schießen muss, würde ich ablehnen. Aber in Amerika ist das in. Nach einer Weile sind wir beide von dem guten französischen Bier betrunken. Da Robbie dann immer ein bisschen schwierig wird, verabschiede ich mich, sage, dass ich dringend nach Deutschland müsse. Er ist sauer, weil wir uns so wenig sehen. Dann kommt er auf die Idee mitzufahren. Aber zum Glück taucht plötzlich seine Schauspielkollegin Nastassja Kinski auf, ich lade sie zu einem Getränk ein, aber sie lehnt ab. Sie holt eine Thermoskanne aus ihrer MCM-Tasche und macht sich den dazugehörigen Becher voll mit Bekunis-Tee. Ich lasse die beiden allein. Es wird dunkel, und Paris ist echt anstrengend. Als ich am »Number one« vorbeikomme, treffe ich noch Elton John mit George Michael. Sie stehen draußen und rauchen. Fragen mich nach Feuer, dann erkennt mich George. Es war noch ein toller Abend, wir haben bis spät in die Nacht gejammt.

»Wo ist meine Trompete, Talula!?« Ich suche sie im ganzen Haus. Vom Keller bis in den Dachboden habe ich alles abgesucht. Talula guckt irgendwie so merkwürdig. Sie senkt ihren Blick, schaut zu Boden, als ich sie nach der Trompete frage. »Los, raus mit der Sprache, was ist los? Hast du die Trompete verkauft oder was? Ich finde sie nicht.« Es handelte sich hierbei um ein ziemlich wertvolles Stück, die Trompete habe ich mal von einem sehr berühmten anderen Trompeter geschenkt bekommen. Ein Erinnerungsstück und darüber hinaus noch ein hervorragendes Markeninstrument. Talula kommt zu mir und schlingt ihre Arme um meine Taille. Dabei fängt sie an zu schluchzen. »Helge, die Trompete ... ich habe ... also, ich wollte so gerne eine Getreidemühle ... du weißt, für Korn mahlen und so ... auch für dich, im Bioladen ... und da wusste ich nicht ... also, ich ... ich habe die Trompete nicht direkt verkauft, aber ins Pfandhaus gebracht. So, jetzt ist es raus.«

Ich flippe total aus: »Ich habe heute einen wichtigen Auftritt vor Waisenkindern aus Sri Lanka!« (Das stimmte natürlich nicht.) Sie weint, dann springt sie auf und sticht mir ihre Nagelfeile in den Rücken und haut ab. »Dann besorg dir doch selber eine Getreidemühle, du Arsch! Kannst ja auch mal helfen beim Kochen oder Aufräumen!« Sie verschwindet auf ihrem Zimmer, nach einer Weile höre ich die alte Singer-Nähmaschine. Sie trampelt darauf rum wie ein Kamel im eigenen Kot. Ich blute. Sie ist sehr temperamentvoll. Dafür liebe ich sie. Ich nehme das Fahrrad, weil der Cadillac nicht anspringen will, die Woche nach Weihnachten ist immer Cadillac-Woche, und rase ins Pfandhaus.

Da kennt man mich schon, es ist nicht das erste Mal, dass Talula etwas aus meinem Besitz dahin bringt. Das geht mir auf den Wecker, immer braucht sie Geld für so spleenige Sachen. Sie hatte sich sogar schon mal als Leihmutter vermieten wollen. Ich bin zum Glück dahintergekommen. Aber ich werde seitdem das Gefühl nicht los, dass einige oder sogar alle unsere Kinder von irgendwelchen Professoren oder Amtsräten sind und dass sie die dann nachher so sehr ins Herz geschlossen hat, dass sie den Typen weisgemacht hat, die Kinder wären doch nicht von ihnen. Die Trompete war noch da. Ich löste sie mit dreißig Euro aus. »Herr Schneider, Sie bluten ja!« »Ach, nicht der Rede wert, ich habe mich mit meiner Tischkreissäge geschnitten, bin ausgerutscht.«

Die Proben mit meiner Band sind immer sehr zeitaufwendig. Jede Note muss sitzen, jede Geste, jede Haarlocke muss so frisiert sein, wie sie nachher vor Publikum zu sehen sein wird. Unser Gitarrenspieler ist auch ein Autonarr. Aber da er sozusagen in einer anderen Kaste ist wie ich, als Sideman, hat er nicht das Geld zur Verfügung, folglich besitzt er nur zwei Autos. Eines davon ist kaputt. Er ist Italiener und versteht kein Wort, wenn wir proben. Manchmal möchte ich wissen, was er denkt. Doch italienische Gitarristen sind verschlossen wie Medizinschränke.

Ich habe ihn durch eine Annonce in der Zeitung kennengelernt. Er spielte jahrelang in der Band von Lucio Dalla. Als Miles Davis dann starb, löste sich seine Band auf. Alles Kiffer. Da fällt mir meine Besteigung des Mount Everest ein. Vorweg, ich war nicht oben. Aber fast. Damals war ich mehr draufgängerisch wie heute. Ich kann mir das heute überhaupt nicht mehr vorstellen, ohne Vorbereitung solch einen hohen Berg besteigen zu wollen. Ich komme nämlich darauf, weil wir im Basislager ausschließlich Miles Davis gehört haben. Auf Raten unseres Sherpas Homann, der seine Familie für drei Wochen, so lange dauert der Aufstieg, mit Eingewöhnung, allein gelassen hatte, rasierten wir uns kahl, bevor wir die erste Hürde nahmen, die Baumgrenze. Ab fünftausend Meter wird's ungemütlich.
Ganz fürchterlich wird es dann ab sechstausend. Wer hier nicht genügend Kondition hat, wird kläglich scheitern. Oft ist auch der Tod mit im Spiel. Ich hatte keine Angst. Wollte nur steigen, steigen, bis ich den gesamten Orient überblicken konnte, so hatte ich mir das auf jeden Fall vorgestellt.

Als ich die siebentausend Meter erreicht hatte, fiel im Tal der Strom aus. Das konnte ich von hier oben aus erkennen. Meine Freunde, einer kam aus Oregon in USA, der andere war Isländer, beide waren Neulinge im Berg, wollten nicht mehr weiter. Ich hingegen dachte gar nicht daran aufzugeben. Wenn ich auch am Bergsteigen eigentlich keinen Spaß hatte, war der Ausblick doch überwältigend. Also stapfte ich mutig weiter, mich mit der Zigarette wärmend. Auf meinem Weg sah ich erfrorene Kletterer, die sich entweder im Schritt vertan hatten oder einfach übermüdet eingeschlafen waren. Ich musste nur noch achthundert Meter laufen, dann könnte ich alles sehen, so wie ich mir das vorgestellt hatte. Doch dann bekam ich einen Krampf in der rechten Wade. Ich versuchte noch, mit Handkantenschlägen etwas dagegen zu unternehmen, aber es nützte nichts. Ich musste zurück.

Jetzt kam auch noch schlechtes Wetter. Sturm. Es war kalt. Fast dreißig Grad minus. Ich übernachtete in meinem Biwakzelt aus dem Kaufhof. Die Nacht war das Grauen. Mein Zelt zappelte nach einer Weile nur noch an einem einzigen Faden im Wind. Ich hatte alle Hände voll zu tun, nicht wegzuwehen. Zum Glück hatte ich eine Stahlkugel dabei, um nicht weggeschleudert zu werden. Es hatte sich doch gelohnt, sie bis hierher mitzuschleppen. Die Luft war hier oben dermaßen dünn, ich schnappte wie ein Fisch an Land nach Luft. Mittags musste ich aufgeben. Beim Abstieg traf ich die Kollegen, beide eiskalt und steif gefroren. Ich ließ sie liegen und steckte zwei kleine Plastikkreuze, die man im Tal im Souvenirgeschäft kaufen konnte, in das ewige Eis. Ich wollte immer mal wieder versuchen, ein zweites Mal den Everest zu erklimmen, doch es blieb bei diesem einen Mal. Heute bin ich zu alt für solche Eskapaden. Das würde mein Herz nicht mitmachen. Obwohl ich bei den Shows ja unheimlich agil bin und ausdauernd, der Everest ist zu hoch. Solche und ähnliche Tagträume hat man, wenn man nicht kifft.

ICH LIEBE DIE DEUTSCHE BAHN AG

Ich möchte es hier in aller Deutlichkeit schreiben:

ICH LIEBE DIE DEUTSCHE BAHN AG …

… und die Deutsche Bahn AG liebt uns. Viele Menschen vergessen das und haben einen völlig falschen Eindruck von dieser gemeinnützigen Einrichtung. Ich finde das nicht gerecht, denn ich genieße sehr gerne alle Vorzüge, die mir die Bahn bietet.
Die Bahn macht sicher vieles, aber sicher nichts falsch, im Gegenteil.
Sie schützt uns Kunden vor unüberlegten Handlungen. Schnell irgendeinen Zug nehmen, das geht nicht. Übersprungshandlungen sind nicht gut für unsere Seele. Wir sollen uns mit der Reise auseinandersetzen, wir sollen überprüfen, nachfragen, zweifeln, um dann glücklich und vom Erwerb der Fahrkarte erschöpft die Reise anzutre-

ten. Nicht gefühlskalt, sondern mit einem Empfinden von »Gut, dass ich endlich drin bin«, das bald abgelöst wird von »Hoffentlich komm ich pünktlich an ... hoffentlich komm ich überhaupt an ... Scheiße, das ist gar nicht mein Zug!!«

Eine Reise auf gleicher Strecke ist nie gleich. Mal kommt man zu früh, mal eine Kleinigkeit später, mal gar nicht am Zielbahnhof an. Das macht unsere Unternehmung besonders, das hält uns frisch. Das macht unser tristes Dasein zu einem Abenteuer und verdient ein »Danke!«.
Ich musste mal am Bahnhof Hamm mit meinen Mitreisenden vorzeitig aussteigen, weil der Zug nicht weiterfuhr. Nicht weil er defekt war, sondern weil er zum TÜV musste. Kein Witz! So etwas erledigt die Bahn während einer Reise.

Ich versteh das. Eine Überprüfung vor Einsatz des Zuges wäre einfach zu banal und macht weniger Spaß. Dass ich meinen Flieger in Düsseldorf nicht mehr bekommen habe, folglich einen Auftritt nicht wahrnehmen konnte und mir dadurch die Gage flöten ging, ist eine beiläufige Randnotiz, die der Bahn AG am Schaltarm vorbeiging. Und auch da empfinde ich keinen Ärger, sondern Dankbarkeit. Was ist schon Geld – verglichen mit Erinnerungen, die ich mein Leben lang nicht mehr missen möchte?

Ich fühle mich wohl in den Zügen. Wie gerne schlummere ich auf den liebevoll mit Schokolade verzierten Sitzpolstern ein. Ich muss immer ein wenig schmunzeln, wenn ich später beim Aussteigen die kleinen braunen, aber doch hübschen Muster auf meiner Hinterhose begutachte. Dann hab ich gute Laune. Nur humorlose Menschen ärgern sich über die Reinigungskosten, die dadurch entstehen. Für mich sind sie ein Obolus, den ich gerne für solch schöne, kreative Arbeit entrichte. Erlebnisentertainment nennt der erfahrene Showhase dieses Konzept, Banausen sprechen von »versifft«.

Schlummern ist in den Zügen eigentlich gar nicht erlaubt, denn womöglich verpassen Sie so Ihren Zielbahnhof. Das möchte Herr Mehdorn nicht und Herr Grube schon gar nicht. Unser Wohl ist ihre Nahrung, und das lässt sich die Bahn was kosten. Sie behebt das Problem mit Manpower, Elektronik und der gesunden Portion Pfiffigkeit, die nur Bahnangestellten zu eigen ist.

Denn die unscheinbaren Sitze sind nicht so unscheinbar, wie sie vielleicht wirken mögen. Sie messen z. B. die Pulsfrequenz des Fahrgastes. Wird der Puls gleichmäßig und langsam, dann weiß der Sitz: »Aha, der Herr/die Frau ______________________ (hier müssen Sie Ihren Namen eintragen) schläft«, und meldet das an die Zugzentrale. Die beobachtet das ein Weilchen – und wenn sich alle in der Zentrale sicher sind, dass Sie tief und fest schlummern, dann und erst dann wird eine Einsatztruppe ins Krisengebiet geschickt: die sogenannte Reiseguerilla. Das sind Klein- und heranwachsende Kinder, die von der Bahn für horrende Gagen beschäftigt werden und uns aufs Köstlichste zu unterhalten wissen. Sie laufen ziellos durch die Gänge, rufen, schreien, spielen Fangen und halten uns so auf Trab. Sollte es dennoch zu einem spontanen Einnicken kommen, wird der Zustand durch ein schrilles und lautes: »Paaaapaaaaa, der Maaaaaaaaannnnn daaa schläääääft« behoben – in einer Tonlage, die an brennende Kaninchen erinnert.
So sorgt die Bahn dafür, dass wir wach und mit guter Laune an unser Ziel kommen.

Da der Entertainment-Charakter bei der Bahn so großgeschrieben wird, habe ich noch einen Tipp für Sie. Machen

Sie doch mal Folgendes: Kaufen Sie sich ein günstiges 1.-Klasse-Ticket und wetten Sie mit einem nahe bei Ihnen sitzenden Fahrgast, dass Sie vor allen anderen in diesem Wagen bedient werden. Lässt sich der Mitreisende darauf ein, stehen Sie auf und rufen laut in die Leselampe über Ihrem Sitz: »Einen Kaffee bitte.«
Kurz darauf erscheint ein Mitarbeiter der Bahn und serviert Ihnen freundlich und zuvorkommend Ihren Kaffee. Das Gesicht der umliegenden Gäste ist das Reisegeld wert. Versprochen!

Wie aber haben Sie das gemacht? Beim Einsteigen in den Zug haben Sie dem Schaffner, der am Einstieg steht, Ihre Bestellung bereits mitgeteilt. Da Sie eine Sitzplatzreservierung haben (beim Preis eines 1.-Klasse-Tickets kommt es auf 3 Euro Sitzplatzgebühr auch nicht mehr an), wird es dem dynamischen Mitarbeiter ein Leichtes sein, Sie zu finden, um den immer heißen Kaffee zu überreichen. Wenn Sie um Ihr Reisegeld gewettet haben, gibt es jetzt nicht nur ein großes »Hallo«, sondern noch eine kostenlose Reise dazu. So kreativ kann man nur in den Zügen der Deutschen Bahn AG sein, denn genau das lebt uns das Unternehmen vor. Tag für Tag. Schiene um Schiene. Und dafür möchte ich einmal Danke sagen. »Danke!«

DREISTE KLAGEN, GRANDIOSE FREISPRÜCHE & IRRSINNIGE URTEILE

ANWALT VON SCHLAF ÜBERMANNT – SELBER SCHULD

Schlaf ist kein »unabwendbarer Zufall« – nicht einmal bei erfolgreichen Anwälten. Der anwaltliche Schriftsatz mit der Berufungsbegründung für einen Mandanten ging einen Tag zu spät bei Gericht ein. Das die Berufung verwarf. Der Anwalt stellte einen »Antrag auf Wiedereinsetzung in den vorigen Stand«. Die Fristversäumung sei unverschuldet aufgrund eines »unabwendbaren Zufalls«. Denn der Anwalt ist kurz vor Mitternacht über den Akten eingeschlafen. Der Bundesgerichtshof hatte aber kein Mitleid: Wer lange arbeite, müsse gegen 23 Uhr damit rechnen, auch gegen seinen Willen einzuschlafen.

GEFAHRENQUELLE SUPPE

Die Geschichte der 79-jährigen Stella Liebeck aus den USA ist längst Legende. Sie verbrühte sich bei McDonald's versehentlich mit ihrem Kaffee und erhielt ein üppiges Schmerzensgeld, weil sie nicht gewarnt worden war, dass der Kaffee sehr heiß sei. Nun verklagte eine Restaurantbesucherin den Wirt, weil ihr die Suppe zu heiß war. Die Klage wurde abgewiesen. Begründung: Die Suppe sei zwar eine »Gefahrenquelle«, aber sie trug ein »Gefahrensignal«: den Dampf! Im Urteil heißt es: »Jeder, der eine Suppe bestellt, weiß aber, dass er ein sogenanntes Heißgericht serviert bekommt, welches nur mit äußerster Vorsicht zu genießen ist. Dies wurde hier zudem dadurch erkennbar, dass die Suppe noch – wie die Klägerin in der mündlichen Verhandlung ausgeführt hat – dampfte.«

3,75 PROMILLE AM STEUER – FREISPRUCH!

Die Polizei erwischte ihn morgens um 9 Uhr bei laufendem Motor, fest schlafend überm Lenkrad und mit einer Blutalkoholkonzentration von 3,75 Promille. Der Mann erhielt einen Freispruch! Grundsätzlich reicht es für eine Trunkenheitsfahrt aus, dass der Motor läuft, selbst wenn sich das Auto nicht fortbewegt. Der Fahrer wurde daher zunächst vom Landgericht verurteilt. Das Oberlandesgericht Karlsruhe hob das Urteil aber wieder auf. Begründung: Womöglich hat er sich bereits gegen Mitternacht hinters Steuer gesetzt. Dann hätte er einen stattlichen Blutalkoholwert von deutlich über 3,75 Promille gehabt und wäre zur Tatzeit schuldunfähig gewesen.

GLATZENTRÄGER HAT KEINEN ANSPRUCH AUF PERÜCKE

Ein männlicher Glatzenträger hat bei seiner Krankenkasse keinen Anspruch auf die Bezahlung einer Perücke. Das hat das Landessozialgericht Rheinland-Pfalz in einem Urteil entschieden. Die Kasse hatte die Bezahlung mit der Begründung abgelehnt, eine »Haarersatz-Langzeitversorgung« käme nur für Frauen und Kinder infrage. Der Kläger sah einen Verstoß gegen das gesetzliche Verbot der Ungleichbehandlung. Er legte ein ärztliches Attest vor, wonach ihm eine psychische Erkrankung drohe, falls der Antrag abgelehnt werde. Die Richter urteilten, anders als bei Frauen werde bei Männern Kahlköpfigkeit in der Gesellschaft nicht als besonders auffällig angesehen, weil sie biologisch bedingt häufiger auftrete.

DER SCHLAFENDE RICHTER

Ein Richter, der während der Verhandlung schläft? Ja, gibt es denn so was? Ein Mann klagte: »Der ehrenamtliche Richter H. war unfähig, der Verhandlung zu folgen, weil er über einen längeren Zeitraum ununterbrochen die Augen geschlossen hatte und – wie durch seine Körperhaltung, nämlich Senken des Kopfes auf die Brust und ruhiges tiefes Atmen sowie ›Hochschrecken‹, zum Ausdruck kam – offensichtlich geschlafen hat.«

Doch das genügte dem Bundesverwaltungsgericht nicht. Es gibt nämlich sogar bereits eine »höchstrichterliche Rechtsprechung« zum Nachweis des »Einnickens bei Richtern«. Die Angaben des Beschwerdeführers reichten da nicht aus: »... aus den mitgeteilten Beobachtungen (...) lässt sich aber, selbst wenn sie zuträfen, noch nicht sicher darauf schließen, dass der bezeichnete Richter tatsächlich über einen längeren Zeitraum geschlafen hat ... Das Schließen der Augen über weite Strecken der Verhandlung und das Senken des Kopfes auf die Brust beweist allein nicht, dass der Richter schläft. Denn diese Haltung kann auch zur geistigen Entspannung oder zwecks besonderer Konzentration eingenommen werden. Dazu müssten noch andere sichere Anzeichen hinzukommen, wie beispielsweise tiefes, hörbares und gleichmäßiges Atmen oder gar Schnarchen oder ruckartiges Aufrichten mit Anzeichen von fehlender Orientierung.«

DREI MONATE FAHRVERBOT FÜR ROLLSTUHLFAHRER

Der Fahrer eines Elektro-Rollstuhls bekam ein dreimonatiges Fahrverbot verhängt, weil er mit 1,6 Promille erwischt wurde. Das Gericht urteilte, nun müsse er sich eben mit einem handbetriebenen Rollstuhl fortbewegen. Die Grenze der absoluten Fahruntüchtigkeit bei Rollstuhlfahrern entspreche den bei Radfahrern geltenden Grenzwerten.

WIE VERSTEUERT MAN EINEN REGENWURM?

Das Finanzgericht Düsseldorf musste die schwierige Frage beantworten, ob beim Verkauf von Regenwürmern der volle Umsatzsteuersatz von damals 16 Prozent oder der ermäßigte von 7 Prozent gilt. Das Finanzamt wollte 16 Prozent, der Kläger nur 7 Prozent zahlen.
Das Gericht urteilte, dass eine Steuerermäßigung ausgeschlossen sei, weil »die Umsätze des Klägers aus dem Handel mit Regenwürmern (...) nicht zu den Umsätzen mit lebenden Tieren nach Nr. 1 der Anlage (gehören), da Regenwürmer nicht zu den abschließend aufgezählten Tierarten gehören« (Urteil des FG Düsseldorf vom 25.04.1994, Az. 5 K 2536/91 U) ... Die Anwendung des ermäßigten Steuer-

satzes folgt auch nicht aus der laufenden Nr. 3 der Anlage. Danach unterliegen dem ermäßigten Steuersatz Fische und Krebstiere, Weichtiere und andere wirbellose Wassertiere, ausgenommen Zierfische, Langusten, Hummer, Austern und Schnecken. Diese Vorschrift verweist auf Kapitel 3 des Zolltarifs, sodass es für die Auslegung der einzelnen Regelungen der Anlage auf die zolltariflichen Vorschriften und Begriffe ankommt.« Weiter urteilte das Gericht: »Nach ihrem Wortlaut umfasst die im Streitfall allein in Betracht kommende Tarifnummer 03.07 zunächst Weichtiere, auch ohne Schale, lebend, frisch, gekühlt, gefroren, getrocknet, gesalzen oder in Salzlake.« Allerdings seien in den der Tarifnummer weiter zugeordneten Untergruppierungen Regenwürmer nicht ausdrücklich erwähnt, sodass die Zuordnung zu der Tarifnummer 03.07 nur dann vorzunehmen wäre, wenn es sich bei Regenwürmern um Weichtiere im Sinne dieser Tarifnummer handeln würde.«

Hier zog das Gericht nun die Enzyklopädie des Tierreichs von Dr. Grzimek zurate und führte umfangreich aus, wie verschiedene Regenwurmarten einzuordnen sind: zu den Gürtel-, Glieder- und Ringelwürmern, damit also zu den »Wenigborstern«, die zu den Gliedertieren gehören und also gegenüber den »Mollusca« (Weichtieren) einen eigenständigen Stamm bilden. Kurzum: Der ermäßigte Steuersatz komme keinesfalls in Betracht, schließlich zählen Regenwürmer auch nicht zu den in Tarifnummer 03.07 ebenfalls genannten »wirbellosen Wassertieren«. Ein Regenwurm ist ja ein Landbewohner, oder? »Zwar ist der Regenwurm durchaus in der Lage, eine gewisse Zeit im Süßwasser zu überleben, dennoch – und nur darauf kommt es für die Zuordnung an – hat sich der Regenwurm im Laufe der stammesgeschichtlichen Entwicklung zu einem Landtier entwickelt, als dessen natürlicher Lebensraum der Erdboden anzusehen ist (...).«

Für unerheblich hielt das Gericht, dass die eng verwandten »Saugmünder« und »Vielborster« bisweilen als Wasserbewohner klassifiziert werden könnten: »Selbst wenn diese Tiere der Tarifnummer 03079919 009 des Zolltarifs zuzuordnen wären, ändert dies nichts an dem Umstand, dass den Regenwürmern – anders als den obigen Arten – die Eigenschaft ›Wassertier‹ fehlt.«

NACKTER REISEMANGEL

Wenn FKK in einem Hotel geduldet wird, ohne dass das in den Reiseunterlagen erkennbar war, ist das ein Reisemangel, für den 20 Prozent Minderung des Reisepreises gerechtfertigt sind. In einer Hotelanlage könnten sich Urlauber diesem Anblick kaum entziehen. Die Grenze zur bloßen Unannehmlichkeit sei daher überschritten, entschied das Oberlandesgericht Frankfurt.

MITTAGSPAUSE AUF DEM KLO

Eine Behörde gab einem Beamten für eine Auslandsreise zu einer Tagung der Telekommunikationsverwaltung in Holland einen Vorschuss auf die Reisekosten. Die Bestimmungen sehen aber eine Kürzung des Tagegeldes vor, wenn vor Ort ein kostenloses Mittagessen zur Verfügung gestellt wird. Weil dies der Fall war, verlangte die Behörde den entsprechenden Teilbetrag von ihrem Beamten zurück. Dagegen wehrte sich dieser, weil er das Mittagessen gar nicht in Anspruch genommen hatte – wie er meint: unverschuldet.

Der Kläger trug vor, dass er zu Beginn der Mittagspause dringend die Toilette habe aufsuchen müssen, »den Toilettengang habe er seit einiger Zeit aufgeschoben gehabt, um nichts von dem letzten Tagesordnungspunkt vor der Mit-

tagspause, zu dem er sich auch zu Wort gemeldet habe, zu verpassen. Vor dem nunmehr unaufschiebbaren Toilettengang habe er den niederländischen Vertreter gebeten, auf ihn zu warten. Als er von der Toilette zurückgekommen sei, habe die Gruppe das Gebäude aber bereits verlassen gehabt. Ein Aufzug zur schnellen Verfolgung der Gruppe habe ihm nicht zur Verfügung gestanden.«
Die Kantine habe er aber alleine nicht gefunden, obwohl er am Vortag bereits dort gewesen war.
Deshalb musste er in einem Restaurant essen gehen. Die beklagte Behörde argumentierte, »es falle nicht in den Verantwortungsbereich des Dienstherrn, wenn der Kläger von Kollegen auf der Toilette vergessen werde. Zudem sei dem Kläger aufgrund seiner Erfahrungen aus 500 Auslandsdienstreisen zuzumuten gewesen, das Kantinengebäude wieder aufzufinden.«
Das Verwaltungsgericht Mainz gab der Behörde recht und wies die Klage des Beamten gegen den Rückforderungsbescheid zurück. Es ging übrigens nur um 9,31 Euro.

WAS WILLST DU?

Ein Mitarbeiter des schwedischen Bekleidungsunternehmens H&M klagte gegen seinen Arbeitgeber, weil er nicht mehr geduzt werden wollte. H&M hatte das Geschäft übernommen, in dem der 45-jährige Kläger als Abteilungsleiter der Herrenoberbekleidung arbeitete. Früher wurde hier immer korrekt gesiezt. H&M verlangt generell von seinen Mitarbeitern für gelockertes Arbeitsklima und den Abbau von Hierarchien, dass sie sich duzen und den Vornamen verwenden. 22 Monate lang ließ sich der Herr duzen – dann ertrug er es nicht mehr. Das Duzen verletze sein Persönlichkeitsrecht. Das Landesarbeitsgericht Hamm wies seine Klage gegen H&M aber dennoch ab. Das Duzen sei Bestandteil seines Arbeitsvertrages geworden, weil er der Änderung der Anrede fast zwei Jahre lang nicht widersprochen hatte. Doch dann kam dem Mann die Firma doch noch entgegen: In einer Abmahnung, die der Kläger aus anderem Grund erhalten hatte, wurde er durchgehend gesiezt.

ÜBERDOSIS LAKRITZE

Eine Frau aus Berlin aß täglich eine 400-Gramm-Packung der Lakritzmischung »Matador-Mix« der beklagten Firma Haribo. Eines Tages brach sie ohnmächtig zusammen und musste in ein Krankenhaus eingeliefert werden. Nach ihrem Krankenhausaufenthalt absolvierte sie noch eine dreiwöchige Kur und war somit insgesamt über vier Monate arbeitsunfähig. Die Klägerin glaubt den Grund für ihre gesundheitlichen Probleme gefunden zu haben: die Lakritze. Der »Matador-Mix« enthalte Glycyrrhizin, das zu Störungen im Mineralstoffhaushalt des menschlichen Körpers führen und Blutdruckanstieg hervorrufen könne. Haribo sei, so erklärte die Klägerin, dazu verpflichtet, auf diese Gefährdungen hinzuweisen. Ihre Klage auf Schmerzensgeld von mindestens 6.000 Euro sowie Erstattung von Heilbehandlungskosten und Verdienstausfall wurde abgeschmettert. Kleiner Tipp: Besser gesund ernähren.

DAS BUNDESFÄHNCHEN IM POLIZEIPFERDE-HAUFEN

Die Polizei hatte tatsächlich Anzeige erstattet. Der Vorfall: Ein Aktionskünstler wurde bei einer Veranstaltung der »Arbeitsgemeinschaft soldatischer Verbände« am Totensonntag an einem Ehrenmal aktiv. Er wollte ein Zeichen dagegen setzen, dass in vorangegangenen Jahren wiederholt die Reichskriegsflagge gezeigt worden war. Er bastelte schwarz-rotgoldene »Jubelfähnchen«, die in den Boden gesteckt werden sollten, um den Reichskriegsflaggen etwas entgegenzusetzen. Vor Ort hatte er aber noch eine andere Idee.

Im Urteil heißt es: »Als dann tatsächlich sich ein nicht näher bekannter Mann mit einer Reichskriegsflagge in der Hand neben den Eingang des Ehrenmals stellte, steckte der Angeklagte das an einem Stock befestigte etwa handtellergroße Fähnchen, welches die Flagge der Bundesrepublik Deutschland farblich symbolisierte, in einen Haufen Pferdemist, der dort zufälligerweise wahrscheinlich von einem Polizeipferd hinterlassen worden war. Das Fähnchen steckte nur kurze Zeit in dem Pferdehaufen und wurde dann von dem Einsatzleiter der Polizei, dem Zeugen R., nach – wie er meinte – etwa 5 bis 10 Sekunden, vielleicht auch etwas längerer Zeit, herausgezogen. Dabei fragte der Zeuge R. den Angeklagten, ob das denn sein müsse. Der Angeklagte antwortete: Ja, das müsse sein (...), und machte hierzu nähere Ausführungen.«

In erster Instanz wurde der Angeklagte deshalb zu einer Geldstrafe verurteilt. Das Landgericht Aachen hob in der Berufung das Urteil auf und sprach ihn mit folgender Begründung frei. »Das Stecken eines kleinen Jubelfähnchens, welches farblich die Flagge der Bundesrepublik Deutschland symbolisiert, in einen Haufen Pferdemist kann nach der vom Angeklagten dargelegten Zielrichtung und unter Berücksichtigung der Gesamtumstände jedenfalls auch so gedeutet werden, dass dadurch auf krasse Weise deutlich gemacht werden sollte, durch die Reichskriegsflagge als Symbol der Neonazis werde das Ansehen des Staates, symbolisiert durch das kleine Bundesfähnchen in dem Pferdehaufen, in den Schmutz gezogen.« Ergänzend wies die Kammer darauf hin, dass, selbst wenn man darin einen Verstoß gegen § 90a StGB sehen wollte, die Aktion in

jedem Falle durch die gemäß Art. 5 Absatz 3 des Grundgesetzes geschützte Kunstfreiheit gedeckt war. Dass es sich um Kunst handelte, folge nicht nur daraus, dass der Angeklagte die Aktion als Kunst bezeichnete. »Entscheidend ist vielmehr, dass er – wenn auch sehr vergröbernd – zwei Sachverhalte, nämlich den Polizeipferdehaufen und das Bundesfähnchen, zu einer neuen Aussage miteinander verknüpft hat, (...) wobei es durch einen schöpferischen Akt also zu einer bildhaften Verfremdung mit objektiv mehrdeutigem Aussagegehalt gekommen ist.«
Womöglich hätte der Angeklagte den Einsatzleiter der Polizei sogar wegen der Zerstörung seines Kunstwerks in Anspruch nehmen können.

SEXUNTERRICHT ZU SCHLIMM?

Die sehr religiösen Eltern eines Schülers wollten ihren Sohn vom Sexualkundeunterricht befreien. Sie sehen den Unterricht als verfrüht und indoktrinierend an. Die Biologiebücher würden keine Rücksicht auf den unterschiedlichen Entwicklungsstand der Schüler nehmen, außerdem würden sie das Leitbild eines freizügigen Sexuallebens außerhalb der Ehe unter Verwendung von Verhütungsmitteln und die Gleichwertigkeit von Homo-, Bi- und Heterosexualität vermitteln. Dies lehnte das Verwaltungsgericht Münster ab: Der Sexualkundeunterricht werde in Wahrnehmung des staatlichen Bildungs- und Erziehungsauftrags aus Art. 7 Abs. 1 GG erteilt. In Ausübung dieses Auftrags sei die Schule nicht nur zur bloßen Tatsachenvermittlung, sondern auch zur Erörterung von Fragen der Sexualethik berechtigt. Die Biologiebücher stellten – im Rahmen der bloßen Tatsachenvermittlung – die verschiedenen Möglichkeiten der Empfängnisverhütung dar, ohne deren Verwendung jedoch wertend vorzugeben. Die verschiedenen Formen, in denen Menschen zusammen- und ihre Sexualität auslebten (Ehe, homosexuelle Lebenspartnerschaft usw.), würden in rechtlich nicht zu beanstandender Weise erörtert.

DEPPEN UNTER SICH

WENN DEPPEN AN DIE VERSICHERUNG SCHREIBEN – DIE DÜMMSTEN SCHADENSMELDUNGEN

»Der Versicherungsnehmer verletzte die Vorfahrt und kurz darauf den von rechts kommenden Radfahrer ...«

»Ich kann mich an nichts mehr erinnern, etwa ab 18 Uhr.«

»Die Unfallzeugen sind der Schadensmeldung beigeheftet.«

»Wie kann ich meine Frau absetzen?«

»Dann kam es zu einer heftigen Schlägerei zwischen dem Passat und dem BMW.«

»Ich leide an gehäuftem Erbrechen mit Blutdruckabfall.«

»Der geschleuderte Briefbeschwerer traf mich am Kopf. Die Wunde hat mir die Werfende, meine Frau, gleich behandelt. Sonst ist kein Schaden entstanden.«

»Frau F., die in meiner Firma arbeitet, ging vom Lager ins Büro. Unser Hund hat sich wohl erschreckt und Frau F. gezwickt. Nach zwei Tagen bat ich sie, mir die Stelle zu zeigen. Daraufhin: Kittel, Rock und Unterrock hoch, Hüfthalter runter, Schlüpfer gelüpft und unter all diesen Sachen war eine ganz kleine Druckstelle zu sehen. Alle meine Angestellten haben davon Kenntnis genommen.«

»Ich habe so viele Formulare ausfüllen müssen, dass es mir bald lieber wäre, mein geliebter Mann wäre überhaupt nicht gestorben.«

»Ich sah sein trauriges Gesicht langsam vorüberschweben. Dann schlug der Herr auf dem Dach meines Wagens auf.«

»Ein unsichtbares Fahrzeug kam aus dem Nichts, stieß mit mir zusammen und verschwand dann spurlos.«

»Mein Auto fuhr einfach geradeaus, was in einer Kurve im Allgemeinen zum Verlassen der Straße führt.«

»Ein Fußgänger rannte in mich und verschwand wortlos unter meinem Auto.«

»Dr. Müller hat mir neue Zähne eingesetzt, die zu meiner Zufriedenheit ausgefallen sind.«

»Am 24. Januar hatte mein Mann einen Unfall. Er verlor ein Glied.«

»Ich teile Ihnen mit, dass die Zusendung der Arzt-Rechnungen meinerseits noch einige Wochen dauern wird, da ich sie im Moment noch nicht alle beisammen habe.«

»Ich musste schneller fahren, um durch den Luftzug die Biene aus dem Auto zu kriegen!«

»Ich gab Benedikt S. zwei Schläge, und die Freunde haben auch ein paar dazugegeben. Der Kläger aber legte sich auf den Boden. Meiner Meinung nach täuschte er vor, dass er verprügelt wurde.«

»Der Geschädigte hat es sicherlich nicht nötig, sich wegen 125 Euro die Hände in Unwahrheiten zu reinigen.«

»Am 5. Oktober, gegen 20.00 Uhr, befand ich mich in der Wohnung der Familie E. zu Besuch. Während dieses Besuches zeigte mir Frau F. ihr Schlafzimmer. Als ich das Schlafzimmer betrat, stolperte ich und fiel in das Ehebett der Familie. Hierbei brach das Bett, ein französisches Bett, zusammen.«

»Die Aufsichtspflicht bei meiner kleinen Tochter habe ich nicht verletzt. Nur als sie dem Pudel von der Familie F. einen Tritt versetzte, habe ich gerade weggeschaut.«

»Mein Fritz hat überhaupt nichts gemacht. Er ist nur an der vollgepackten Frau S. vorbeigerannt, die dann durch den Luftzug umgefallen ist.«

»Ich habe eine großköpfige Familie – nämlich sieben Kinder, wo noch alle minderwertig sind.«

»Vom Fahrer des Wagens ist nur sein männliches Geschlecht bekannt.«

»In hohem Tempo näherte sich mir die Telegrafenstange. Ich schlug einen Zickzack-Kurs ein, aber dennoch traf die Telegrafenstange mich am Kühler.«

»Durch den plötzlichen Zusammenstoß der Fahrzeuge erhielt ich einen derartigen Schrecken, dass sich der Inhalt meines Darms ruckartig in meine Hose entlud. Ich bitte um Übernahme der Reinigungskosten.«

»Hiermit möchte ich mir gestatten, Ihnen meinen Sohn als Unfall zu melden.«

»Beim Training auf dem Sportplatz rutschte ich aus und schlug mir den rechten Zeigefinger heftig an den Torpfosten, dass dieser sogleich anschwoll.«

»Meine Frau hatte noch nie einen Unfall, weil sie immer sehr aufpasst im Verkehr.«

»In obiger Unfallsache darf ich Ihnen mitteilen, dass sich mein Mandant erledigt hat.«

»Vor dem Überqueren der Fahrbahn schaute ich nach links und gleichzeitig nach rechts.«

»Anbei schicke ich Ihren Scheck wieder zurück, weil er mir zu gering ist. Bitte setzen Sie eine Null hinter die Zahl. Dann werde ich ihn einlösen.«

»Bitte heben Sie den Haftpflicht-Vertrag unseres Hundes auf, indem dieser verstorben ist. Die Trauerfeier für die Einäscherung hat in aller Stille stattgefunden. Von Beileidsbesuchen bitten wir abzusehen.«

»Mein Sohn Hans befand sich bei beginnender Dämmerung mit seinen Freunden auf einem Spielplatz. Plötzlich entdeckte er einen runden, dunklen Gegenstand. In der irrigen Annahme, es sei ein kleiner Gummiball, den ein Kind vergessen hatte, nahm er einen Anlauf und wollte den Ball mit kräftigem Schlag seinen Freunden zuspielen. Der Irrtum stellte sich unverzüglich heraus: es handelte sich um eine Eisenkugel zum Kugelstoßen.«

»Als Witwe ist es mir nicht möglich, den Lebensversicherungsbeitrag meines verstorbenen Mannes aufzubringen.«

»Beim Kaffeemahlen sprang der Deckel von der Maschine ab. Dabei geriet meine Frau in das Mahlwerk.«

»Wenn Sie glauben, einen Doofen vor sich zu haben, dann sind Sie an den Richtigen gekommen.«

»Durch das Unwetter wurde der kleine Turm auf meinem Landhaus seiner Dachhaut entkleidet. Dies war der erste Dachschaden, den ich hatte.«

»... da ich im Rahmen meiner Unfallversicherung ein Krankenhaustagegeld abgeschlossen habe, frage ich an, ob diese Versicherung auch für eine Entbindung zutrifft.«

»Ich bin unglücklich auf dem Klosettdeckel gesessen. Dadurch zerbrach er.«

»Denjenigen, den ich als Unfallzeugen angegeben habe, nehme ich hiermit zurück.«

»Den Eingang Ihres Schreibens konnte ich trotz Nachforschung nicht feststellen. Deshalb kann ich auch erst heute dazu Stellung nehmen.«

»Sollte eine persönliche Rücksprache notwendig werden, werde ich mich gerne für Sie freimachen.«

»Ich wollte Fenster putzen. Damit ich von außen an das Fenster herankommen konnte, legte ich ein Bügelbrett auf die Fensterbank. Mein Mann, der schwerer ist als ich, setzte sich von innen auf das Bügelbrett, und ich putzte auf dem Brett stehend das Fenster von außen. Plötzlich klingelte es an der Haustür. Als mein Mann unten öffnete, fand er mich vor dem Eingang liegend. Wir wissen bis heute nicht, wer geklingelt hat.«

COMPUTER & SPAM

DEPPEN AN DER HOTLINE

Es ist nicht einfach, bei einer Hotline die Nerven zu behalten. Denn manchmal kommen Anrufe tief aus dem Herzen von Deppen-Deutschland:

Helpdesk: »Klicken Sie bitte mal auf ›Mein Computer‹ links auf Ihrem Bildschirm.«
Anrufer: »Links von Ihnen oder von mir aus?«

Anrufer: »Ich kann nicht in roter Schrift drucken.«
Helpdesk: »Haben Sie einen Farbdrucker?«
Anrufer: »Ach so. Nein. Mist. Danke.«

Helpdesk: »Was steht jetzt auf Ihrem Bildschirm?«
Anruferin: »Ein kleiner Teddy, den mir mein Freund geschenkt hat. Sonst nichts.«

Anrufer: »Ich komme nicht ins Internet.«
Helpdesk: »Sind Sie sicher, dass Sie das richtige Passwort verwenden?«
Anrufer: »Selbstverständlich, ich habe es bei meinen Kollegen gesehen und die verwenden dasselbe.«
Helpdesk: »Wie lautet es?«
Anrufer: »Sechs Sterne.«

OLIVER KALKOFE

»GESCHAFFT! WIR SIND BLÖD!«
KALKOFES LETZTE WORTE

FETTES VATERLAND

Diese Nachricht traf mich doch persönlich: Laut irgendeiner hochbrisanten neuen Statistik ist jeder zweite Deutsche zu dick! Meine beiden Nachbarn links und rechts grinsen seitdem immer ziemlich überheblich, wenn sie mich sehen.

Den Ergebnissen der Studie nach gibt es dabei ein deutliches Ost-West-Gefälle: Die dicksten Menschen leben demnach im Osten. Damals vom Begrüßungsgeld wahrscheinlich gleich einen Eimer Schleckerkram gekauft. Und auf dem Lande ist man auch sehr fett, viel mehr als in der Stadt, wo man durchschnittlich dünner ist, weil man sich zwischen all den Autos durchschlängeln und in coolen engen Szene-Bars zusammenquetschen muss.

In den ländlichen Regionen hat man körperlich mehr Platz, sich nach allen Seiten auszudehnen, da macht Fettleibigkeit deshalb erst richtig Sinn. In der Wildnis muss man sich außerdem einen Schutzpanzer gegen die Kälte zulegen und braucht zum Überleben eine körperlich mächtige Erscheinung als Einschüchterung gegen die Tiere, damit man nicht von einer wilden Kuh oder einem Mähdrescher gerissen wird.

Die Bundesregierung (deren meisten Mitglieder übrigens selbst auch mehr in Richtung atmende Endmoräne gehen – was allerdings auch kein Wunder ist, wenn man sein Leben lang die Forderung nach neuen Diäten als ausstehende Gehaltserhöhung missversteht!) warnt jedenfalls und sagt, gesundheitlich gesehen ist Übergewicht nicht nur positiv zu bewerten. Dick sein ist kein Breitensport! Maßlos unkontrollierte Nahrungsaufnahme kann auch schädlich sein, so eine Art Rückwärtsbulimie, ein Großteil der Ärzte rät davon ab. Nur was tun? Irgendwer muss das ja alles aufessen, was bei Kerner so zusammengerührt wird. Allerdings hat der ja seinen freitäglichen Late-Night-Kamikaze-Koch-Overkill inzwischen aufgegeben, wahrscheinlich, um dem aufschwemmenden Publikum mal eine Spachtelpause zu gönnen.

Das ZDF allerdings hat sofort gemeldet, dass es auch ohne ihn gnadenlos weitermachen will, bis jeder einzelne Deutsche an chronischer Herzverfettung krepiert ist. »Mit dem Zweiten frisst man besser«, soll der neue Senderclaim heißen, die ersten Fotos von Gottschalk, Vroni Ferres und Claus Kleber, die sich zwei Würstchen ans Auge halten, sind bereits produziert. Die Variante mit Zuschauern, die gleichzeitig in zwei Kübel kotzen, wurde von der Programmdirektion abgelehnt.

In diesem Zusammenhang fragt man sich, ob der damals so überstürzte Rauswurf von Andrea Kiewel nach ihrem

Weight-Watchers-Outing wirklich Zufall war. Vielleicht musste die furchtlose Fettpolster-Fighterin aber auch nur deshalb als Werbehexe auf den Medienscheiterhaufen, weil sie dem sinistren ZDF-Masterplan im Wege stand: Weltherrschaft durch Züchtung eines lethargisch übermoppelten Publikums bei gleichzeitiger Neuerhebung der GEZ-Gebühren nach Kilogramm!

So ist das von Kabeleins produzierte Großprojekt, bei dem ganz Langeoog sich einer XXL-TV-Diät unterzieht, wohl auch eindeutig als Gegenschlag zu verstehen. Eine komplett von der Außenwelt abgeschottete Insel schlank trainierter Übermenschen, von der aus später die private Revolution gegen das öffentlich-rechtliche Speck-Imperium gestartet werden soll, mit Tim Mälzer als König von Deutschland mit Pürierstabzepter und selbst gebackener Verfassung aus der Mikrowelle. Und das alles wie immer auf dem Rücken der armen dicken Zuschauer. Na dann, Mahlzeit!

DER KAMPF UM DEN CLAIM

Schon im Wilden Westen wusste man, was das Wichtigste war, wenn man Gold gefunden hatte: schnell sein und sofort den Claim abstecken! Das ist meins, ihr dreckigen Bastarde, und wer sich an meinem Eigentum vergreifen will, kriegt eine Kugel in den Bauch, haha!

Heute ist das inhaltlich nicht anders, nur bezeichnet der Claim eher den Slogan eines Produkts oder Senders. Jenen megacoolen Hirnhängenbleiber, der unverwechselbar mit seinem Besitzer verbunden ist und dessen Erfolg begründet.

So wie MEIN RTL! – ohne ihn wüsste beim Gucken niemand, wem sein RTL das eigentlich sein tut, aber so fühlt man, dass der Scheiß, der da läuft, einem ganz allein gehört. Das vermittelt ein wohliges Gefühl und mindert die Kritikfähigkeit: Ja, okay, das ist zwar nur Dreck, aber was soll ich machen, es ist schließlich meins! Für so eine Jahrhundertidee kassiert eine Werbeagentur ein Schweinegeld, und das mit Recht. RTL – BEHALT'S DOCH, DU ARSCH! würde ich den Kölnern allerdings sogar umsonst zur Verfügung stellen.

Auch SAT.1 – POWERED BY EMOTION oder SAT.1 – JA! waren damals wahre Juwelen unter den Senderslogans, so was kann man nicht mit Gold bezahlen. Nicht POWERED BY FRUSTRATION, DRIVEN BY DESPARATION oder FUELLED BY FUCKING BIO-DIESEL, auch kein SAT.1 – NEIN DANKE oder MAL GUCKEN!, da hätte man auch leicht danebengreifen können.

In den letzten Monaten konnte einem SAT.1 allerdings wirklich leidtun. Seit langer Zeit schon kriechen sie kraftlos durch das Quotental des Todes, sämtliche in der einstigen Oase der Fernsehwüste ausgesäten Formate verdorren vor ihren Augen, kaum dass sie das Licht der Welt erblicken. Zu Tode gestrahlt von der gnadenlosen Sonne, die all den anderen Sendern überheblich aus dem Hintern scheint.

Die letzte Hoffnung des schwächelnden Berliner-Bällchen-Kanals war der für den Jahresanfang angekündigte neue Sender-Claim. SAT.1 – SCHÖN, DICH ZU SEHEN! sollte er heißen, wie man später erfuhr. Und ja, das wär's gewesen! Damit wären die Zuschauer endlich in Scharen zurückgekommen und hätten den von Neuem vergeigten Fun-Freitag genauso verziehen wie das vermurkste Restprogramm, und sie hätten sie mehr geliebt als jemals zuvor!

Doch dann kamen ohne jede Vorwarnung die fiesen Säcke von Super RTL von der Seite ins Bild gesprungen, schnappten SAT.1 diese verbale Goldader einfach vor der Nase weg, machten sie zu ihrem neuen Claim und werden nun dadurch statt ihrer die neuen Quotengötter.

Man könnte heulen, wenn es nicht auch so lustig wäre. Vielleicht helfen ja ein paar neue Vorschläge, z. B. eine ehrliche Ansprache an das so schnöde, die Programme verschmähende Publikum: SAT.1 – WIR HABEN'S DOCH NUR GUT GEMEINT! Oder MANNO, IHR SEID SO GEMEIN!

Nein, das ist vielleicht doch zu weinerlich. Besser: WIR SENDEN TROTZDEM! Oder SAT.1 – AUGEN ZU UND DURCH! Das zeigt Mut und einen Hauch fatalistischer Hoffnung.

Oder doch etwas kecker mit einem Hauch Provokation: SAT.1 – DANN MACHT'S EUCH DOCH SELBER! Und wenn das Publikum dann immer noch nicht einschaltet: SAT.1 – WIR FINDEN EUCH AUCH SCHEISSE!

Weil irgendwann hat man ja auch mal die Schnauze voll von der ewigen Anbiederei!

HANDGESPRITZT UND MUNDGEBLASEN

Reden wir mal Klartext: Als damals der liebe Gott die Schönheit verteilte, standen die meisten von uns noch draußen vor dem Himmelstor und holten sich gerade ein Bier und 'ne Currywurst. Nur so lässt es sich erklären, dass manch einem menschlichen Wesen beim Lächeln die Sonne aus den Plomben scheint und der makellose Körper aussieht wie vom Topdesigner des Allmächtigen persönlich aus Ebenholz geschnitzt, während andere rein physisch doch eher an die erste Laubsägearbeit eines sehbehinderten Waldorfschülers mit Motorikstörung erinnern. Kurz gesagt: Es gibt auf dieser Welt Hackfressen, bei deren Anblick sogar Blinde die Straßenseite wechseln und sich selbst das eigene Spiegelbild am liebsten übergeben würde.

Wie gut, dass es da heute so einfach geworden ist, sich mal kurz vom Schnippeldoktor ein wenig die Visage auswuchten oder die Möpse zurechtpumpen zu lassen. Obwohl es ja kurioserweise gewöhnlich nicht die wirklich bedürftigen Optikattentäter sind, die zum Fressenmetzger gehen und sich die Hässlichkeit wegschneiden lassen wollen. Meist ist es die im Grunde recht ansehnliche, aber von der eigenen Präsenz gelangweilte Durchschnittsexistenz, die darauf hofft, dass die Seele aus Silikon ist und man sich die fehlende innere Persönlichkeit doch bestimmt auch irgendwo außen dran schrauben lassen kann.

Blödsinn, aber trotzdem kein Wunder – denn noch nie war das Thema Schönheits-OP so selbstverständlich und alltäglich wie heute. Die hohlbirnigen Boulevardmagazine berichten ohne Pause vom crazy Fun-Faktor der trendy Beauty-Aufbesserung, Gehirnabsaugen gibt's gratis im RTL-Shop, und zwölfjährige Mädels verplanen auf dem Schulhof ihr Konfirmationsgeld fürs Nasenbiegen und Labial-Tuning.

Wobei sich der Betrachter im Nachhinein ja doch meistens wundert, welcher ästhetik-resistente Frankenstein-Azubi sich denn wohl an manchen Opfern ausgetobt haben mag. Die meisten aufgespritzten Lippen sind längst nicht mehr sinnlich, sondern sehen aus wie aufgeblähte Knackwürste, kurz bevor der Darm platzt. Als Mann muss man da regelrecht Angst haben, dass die einem beim Küssen in der Fresse explodieren.

Auch nichts gegen stattliche Brüste, Gott bewahre, aber ein Großteil der dauernde Bumsbereitschaft signalisierenden Nachwuchsluder lassen sich inzwischen die Titten vollpumpen, als wollten sie sich später noch einen Globus drauftätowieren lassen. Da freut man sich schon regelrecht auf den Anblick, wenn sie in ca. 40 Jahren zitternd als klapperiges Omilein von den eigenen Fesselballonglocken über die Gehhilfe gezogen werden und auf der kaputtgelifteten Fresse landen!

Obwohl man selbstverständlich auch nicht generell darüber spotten sollte. Klar, vielen jungen Frauen geht es bei der großflächigen Expandierung der sekundären Geschlechtsmerkmale nur um die primitive Erfüllung der zum Poppen erforderlichen Schlüsselreize, keine Frage. Bei anderen aber handelt es sich im Falle einer Erweiterung der zu natürlich erscheinenden Eigenbrüste in Nadelgroße Medizinballeuter allerdings keinesfalls um eine optische Verbesserung, das sieht man ja auch, sondern um eine ärztlich verordnete Notwendigkeit. Als eine Art Gegenwicht, um durch die viele Luft im Kopf nicht vom Boden abzuheben. In der Fachsprache nennen die Experten so etwas »medizinische Ankermöpse«. Irgendwie halt doch schade, dass man Doofheit noch nicht wegoperieren kann.

DAS DEUTSCHLAND IN UNS

Sind wir nicht alle ein bisschen Deutschland? Irgendwie schon, da können wir uns gar nicht gegen wehren, selbst wenn wir das spießig finden. Wir alle sind Papst, Wurst, Pünktlichkeit, Merkel, Volksmusik, Vogelgrippe und Hartz IV, denn wir alle sind Statistik.

Und das Statistische Bundesamt (ein Amt, das statistisch gesehen täglich ca. 2780 Beamte von der Arbeit abhält, um aufzuschreiben, was die anderen so tun) wirft jedes Jahr mit jeder Menge interessant gemeinter Zahlen um sich, die besten davon irgendwann sogar in ein Buch. Das ist sehr dick, hat massig Tabellen und wenig Action, scheint aber viel interessanter, als es ist!

Man kann daraus auf jeden Fall eine Menge über sich lernen, denn man erfährt vieles, was man noch nicht wusste, und sogar noch mehr, was man gar nicht wissen wollte. Zum Beispiel, dass auf 100.000 Deutsche 274 Friseure kommen, aber nur 14 Fahrschulen. Woraus man schließen kann, dass wir deutlich zu viele Fußgänger mit Dauerwelle haben. Von den Beschäftigten im Strähnchen-Business sind knapp 90% weiblichen Geschlechts, was rein rechnerisch die Schlussfolgerung zulässt, dass eine von zehn Frauen in Wirklichkeit ein schwuler Mann ist. Zudem kommt es jährlich zu 195.278 Verurteilungen wegen eines Verkehrsdelikts, was uns zeigt, dass wir alle vielleicht doch besser mal öfter zur Fahrschule gehen sollten als zum Friseur.

Von den 82,5 Millionen Menschen bei uns sind 15 Millionen älter als 65 und ebenfalls 15 Millionen minderjährig. Solange es nicht dieselben sind, könnten sie doch eigentlich sehr gut aufeinander aufpassen, dann hätten die 52,5 Millionen werberelevanten Erwachsenen endlich ihre Ruhe. Jedes vierte Kind ist unehelich, was uns zeigt, dass leider immer noch viel mehr gepoppt wird als geheiratet. Das korrespondiert erschreckenderweise mit der Erkenntnis, dass die katholische und evangelische Kirche im letzten Jahr zusammen etwa 663 Millionen Euro an Kirchsteuereinnahmen verloren haben, was darauf schließen lässt, dass immer mehr Deutsche ihre Kohle lieber für zwielichtige Bumsvorbereitungen ausgeben als beispielsweise für ein neues Kirchenschiff oder die Altersvorsorge des Papsts.

Schlimmer aber noch ist die Zahl, dass zwar 99,1% an die öffentliche Wasserversorgung angeschlossen sind, aber 5,4% nicht in die Kanalisation entsorgen. Was nicht weniger heißt, als dass jeder Zwanzigste in den Wald kackt. Oder auf den Bürgersteig und es den unschuldigen Hundebesitzern in die Schuhe schiebt. Und in Mecklenburg-Vorpommern leben die dicksten Menschen von Deutschland, wiegen durchschnittlich aber weniger als ich. Spätestens jetzt sollte ich übers Auswandern nachdenken.

AUFRUF ZUR REBELLION

Vermutlich durch die »Fluch der Karibik«-Trilogie im Kino inspiriert, meldete sich der vogelfrei agierende Freibeuterverein der GEZ zu Wort und hisst mit kecker Dreistigkeit die Segel zur wohl unbarmherzigsten Gebührendiebstahlsattacke aller Zeiten!

Denn endlich haben sie die Schatzkarte zu einem gigantischen, bisher unentdeckten Schlupfloch gefunden, das ihnen ruhmreiche Extrabezüge und ’ne Buddel voll Rum verspricht, harrharr! Seit 2007 verlangen die gierigen Medienpiraten nun nämlich auch ihren Anteil für Computer mit Internetzugang, UMTS-Handys und alle anderen Geräte, mit denen man rein theoretisch die Monumentalprogramme von ARD und ZDF empfangen könnte.

Ist aber nicht so schlimm, wie es sich anhört, behaupten die fröhlichen Eintreiber, muss ja gar nicht gleich jeder die 17 Euro extra latzen, sind doch vor allem die Betriebe und Freiberufler dran, und vielleicht später erst noch alle Übrigen, die leider mal irgendwie irgendwo dann doch wieder irgendwo das Kleingedruckte nicht verstanden haben.

Auf jeden Fall ist es ja nur gerecht, weil sich ziemlich zweifelsfrei gezeigt hat, dass beispielsweise die meisten Angestellten ihren PC nur ans Internet klemmen, um heimlich während der Arbeitszeit im ZDF »Volle Kanne« zu gucken, nicht zu vergessen all die Außenhandelsmitarbeiter, die über ihr Handy an »Sturm der Liebe« oder »Marienhof« drankleben, oder auch die Tausende von Ärzten, die nach Feierabend noch schön in der Praxis bleiben und sich über den Laptop »Das Sommerfest der Volksmusik« ansehen und Morphium spritzen. Die Liste der illegalen Nutzungen der öffentlich-rechtlichen Superangebote ist endlos. Okay, liebe GEZ, bis hierhin war nur Spaß – aber wollte man sich einer umgangssprachlichen Formulierung bedienen, müsste man doch wohl fragen: Habt ihr eigentlich den Arsch offen?

Reden wir doch mal Klartext: Niemand hat was gegen eine faire Gebühr für Bereitstellung von Senderfrequenzen und Aufrechterhaltung einer gewissen medialen Grundversorgung, okay. Einfach eine gerechtfertigte Summe von jedem verlangen und gut! Und sehr gerne, sogar mit Freude und Stolz, zahle ich auch – wie beim Pay-TV – für tolle Extraangebote, die sich lohnen. Aber verarschen kann ich mich selber!

Nur um eine Armee von sonst arbeitslosen Fahndern, Spitzeln und Drückern zu finanzieren, kann es nicht angehen, dass wir alle unter einem der absurdesten, unverständlichsten und ungerechtesten Abrechnungsverfahren der Welt zu leiden haben!

Warum probt das Volk eigentlich hier nicht mal den offenen Widerstand? Ich sag ja nicht, wir sollten gleich die Französische Revolution nachspielen, ich weiß, einige der damaligen Maßnahmen sind heute ja vielleicht doch etwas umstritten. Aber irgendwas tun sollten wir langsam – ich hab echt keinen Bock mehr, mich auf ewig von den Halsabschneidern abzocken und dann auch noch durch ihre überheblich-unverschämten Vollidioten-TV-Spots verspotten zu lassen.

Jungs – ich hab die Schnauze gestrichen voll! Und das geb ich euch gern auch schriftlich auf jedem Anmeldeformular bei allen Banken und Sparkassen!

OLIVER KALKOFE

»GEMEINSAM SIND WIR DOOF!« KALKOFES LETZTE WORTE

ICH HABE ANGST!

Ich war dumm. Ich habe einen sehr großen Fehler begangen. Dabei hätte gerade ich es doch wirklich besser wissen müssen! Aber nein, ich wollte die Gefahr nicht sehen. Da bin ich doch wirklich so bescheuert gewesen und setze mich ohne Not einen ganzen Tag lang faul vor den Fernseher und zappe einfach so durch die Programme! Mein Gott, wie dämlich kann man sein! Man hält ja auch nicht aus Spaß den Kopf in die Mikrowelle. Klar, dass mir jetzt kotzübel ist. Körperlich und seelisch ein Wrack, völlig ausgelaugt, der Magen von innen nach außen gestülpt, im Mund der Geschmack von fauliger Essigsäure und Verwesung. Mein Schädel pocht wie verrückt, wahrscheinlich will das Gehirn, dass ich es rauslasse.

Das Schlimmste aber ist diese innere Unruhe, dieses unterschwellige Gefühl der Angst, das seitdem in mir wohnt. Ich habe sämtliche Türen und Fenster verschlossen, die

Vorhänge vorgezogen und traue mich nicht mehr auf die Straße. Sind die da draußen wirklich alle so? So, wie sie den ganzen Tag über in den ganzen vermeintlich realen Talk-Shows, Doku-Soaps und Ratgebersendungen zu sehen sind?

Ist das wirklich Deutschland? Ein Haufen lebensunfähiger stinkfauler Amöbenwesen, fett oder dumm oder hässlich oder meistens alles drei plus arrogant und unsympathisch, die depressiv allein oder falsch verheiratet mit unerzogenen Drecksbälgern hoch verschuldet in piefig kaputtmöblierten Wohnungsattrappen hausen? Tausende granatendämlicher Bumsnasen, die trotz ärztlich attestierter Talentlosigkeit mit chronischem Hackfressen-Syndrom von der Karriere als Weltstar träumen, ihre Mitmenschen mit verbalisierten Gedankenblähungen vollmüllen und ohne Hilfe von RTL zu doof zum Kochen, Fressen, Wohnen oder Scheißen sind? Intelligenzresistente Arschnattern, die glauben, ihre Blödheit würde verschwinden, wenn sie im Fernsehen für ihre eigene Dämlichkeit ausgelacht werden?

Ich kann und will das nicht glauben. Würde man sich nicht eigentlich viel eher ganz tief in der Erde eingraben oder in einer Höhle verstecken wollen, wenn man so wäre, damit das möglichst keiner mitbekommt? Oder ist diese Mischung aus Selbstüberschätzung, Unfähigkeit und Verstandslähmung vielleicht sogar ansteckend? Mag ja sein, dass durch die TV-Strahlung irgendwelche Hirnfraß-Viren übermittelt werden, oder dass Doofheit generell übertragbar ist, durch Bakterien, Gespräche oder Geschlechtsverkehr. Kann man sich blöd bumsen? Solange die Symptome aber nicht einmal erkannt, sondern größtenteils sogar gesellschaftlich akzeptiert werden, ist in nächster Zeit wohl auch kaum mit einem Gegenmittel zu rechnen.

Vielleicht ist es aber auch alles gar nicht so schlimm wie es scheint. Vielleicht sind gar nicht alle so furchtbar wie das Fernsehen es uns vormacht, und dahinter steckt nur eine groß angelegte Verschwörung der Regierung. Um uns ängstlich und dadurch manipulierbar zu machen. Oder damit niemand sich beschwert, wenn eines Tages die Hälfte der Bevölkerung zu Testzwecken an Außerirdische verkauft wird. Falls das nicht bereits geschehen ist. Kann ja sein, dass wir schon fast alle durch besonders bescheuerte Aliens ausgetauscht wurden und in Wirklichkeit klug und sympathisch irgendwo im All schweben.

Alles logisch und durchaus denkbar. Aber bis ich Beweise dafür habe, bleibt meine Tür verschlossen und mein Gewehr geladen!

DIE GABE DER VERNUNFT

Der menschliche Verstand ist schon eine tolle Sache. Rein technisch gesehen hat ihn jeder und darf ihn sogar kostenfrei benutzen. Ein Großteil tut es allerdings nicht, aus welchem Grund auch immer. Manche aus Trotz, andere aus Angst, es könnte wehtun, viele aus Faulheit und einige, weil sie die Gebrauchsanleitung nicht finden.

Denn auch wenn wir alle theoretisch mit der Gabe der Vernunft beschenkt wurden, so muss man sie sich doch praktisch eher vorstellen wie Möbel von Ikea. Die Fähigkeit zum Denken bekommt der Homo Sapiens bei der Geburt mitgeliefert, quasi als Willkommensgeschenk des Lebens, als göttlicher Gruß aus der Küche. Der Verstand ist das Billy-Regal des Bewusstseins. Nur aufbauen und einräumen muss man es selber. Platz ist genug da, und manche Menschen wissen ihn auch zu nutzen, indem sie die Fächer so voll wie nur möglich packen, mit Büchern, Kunst, Spaß, Ideen, Wissen und Erfahrungen. Andere stellen einfach ein paar rosa Porzellanschweine rein und klatschen in die Hände. Die Verwendungsmöglichkeiten sind mannigfaltig.

Momentan scheint die korrekte Anwendung der eigenen Vernunft allerdings weltweit nicht so recht zu flutschen. Abgesehen von den unzähligen Dumpfhirnen, die ihr IQ-Regal noch immer in der Originalverpackung hinter dem Flatscreen-TV stehen haben, benehmen sich vor allem immer mehr im Grunde hochintelligente Menschen, als hätten sie ihr Gehirn für einen Euro bei eBay verkauft. Viele TV-Redakteure oder sonstige Mediengestalter verstecken die Bücher, die sie während des Studiums mal kaufen mussten, schamhaft ganz oben, wo sie keiner sieht, und stellen in die restlichen Regale beleuchtete Selbstporträts im Goldrahmen plus ein paar Kleenex-Boxen, falls sie bei dem Anblick mal onanieren müssen.

Politiker haben in der Regel eine ordentliche Anzahl hoch anspruchsvoller Fachbücher griffbereit, wissen meist aber nicht, wie man sie öffnet. Oder warten auf ihren persönlichen Referenten, damit er ihnen daraus vorliest. Und die bedeutendsten Banker, Manager und Finanzexperten der Erde benehmen sich seit kurzem alle so, als hätte ihnen einer in den Schrank geschissen. Der Papst andererseits hat ein goldenes Regal mit dem gesamten Wissen des Universums, nur leider stehen einige Dutzend Bischöfe und Berater davor und lassen ihn nicht ran. So kommt es dann halt auch mal vor, dass er mit unfehlbarer Geschicklichkeit einen reaktionären Altnazi-Bischof begnadigt oder in Afrika predigt, dass Kondome wegen ihrer GV-Freundlichkeit die Aids-Gefahr erhöhen und man bei gegenseitiger Sympathie doch lieber öfter mal gemeinsam beten solle statt immer nur sinnfrei zu bumsen.

Bei uneingeschränkten Nutzungsrechten auf den gesunden Menschenverstand dürfte so etwas alles eigentlich nicht passieren. Denken wollen, können und es auch wirklich tun sind halt doch noch einmal drei verschiedene Herangehensweisen an den zerebralen Arbeitsspeicher in der Haarablage-Murmel. Dabei ist es weder eine Schande noch billige Prahlerei, den eigenen Verstand in der Öffentlichkeit zu benutzen, man muss sich dafür nicht schämen. Im Gegenteil, es kann sogar recht cool sein. Auch wenn es leider keine Casting-Show dafür gibt.

FRÜHER WAR ALLES VIEL SPÄTER

»Ach ja, das Fernsehen wird wirklich immer schlimmer!« Zugegebenermaßen eine Plattitüde, aber inhaltlich trotzdem nicht von der Hand zu weisen. Wohingegen der Umkehrschluss »Früher, da war das Programm noch viel besser!« nicht nur eine abgedroschene Laberphrase, sondern vor allem eine faktische Falschaussage darstellt.

Egal, was unser trügerisch vernebeltes Gedächtnis und all die vielen Fernseh-Highlight-Memory-Shows uns weismachen wollen! Denn wenn wir älteren Säcke aus dem gerade noch akzeptierten Randsegment der werberelevanten Zielgruppe einmal den Schleier der nostalgischen Verklärung vom persönlichen Erinnerungsspeicher lüften und versuchen, uns beispielsweise bewusst auf die grausame TV-Realität der 70er-Jahre zurückzubesinnen, werden wir vor allem das Gefühl von Unterhaltungsarmut, Einsamkeit und Mangelerscheinungen erfahren.

Nicht, dass ich mit dieser Aussage auch nur einen einzigen Kuli-Gag, Carrell-Sketch oder Rosenthal-Spitze-Hüpfer herabwürdigen möchte, auf gar keinen Fall! Aber die Möglichkeiten zur mentalen Entspannung auf der Mattscheibe waren damals schon eher rar gesät. Dominiert wurde diese von dem so genannten »Anspruchsvollen« und bot funtechnisch gesehen eine Art dröges Dritte-Welt-Fernsehen, vor dem Entertainment-Hungertod knapp gerettet durch kleinere Care-Pakete aus England und Amerika. Allerdings stets in gut verdaulichen Portionen: nur ein US-Krimi-Häppchen pro Woche, vielleicht noch ein Löffel Enterprise oder ein Scheibchen Bonanza am Sonntag. Dazu die selbst fabrizierte blauböckige Gute Laune aus heimischen Landen zum gemeinsamen Familienverzehr am Samstagabend, zwischendurch bei guter Führung ein schneller Dalli Dalli- oder Thoelke-Snack als Light-Produkt am Donnerstag. Alles streng rationiert nach dem Muster der altbewährten Essensmarken und ordentlich durchstrukturiert, wie es sich für gute Beamte gehört. Spaß ist schließlich kein Vergnügen und sollte dem Pöbel nicht im Überfluss zur Verfügung stehen. Wie schnell kann damit Missbrauch getrieben werden!

Das Medium Fernsehen wurde damals halt weniger als Freudenspender der Massen begriffen, denn als öffentlich-rechtliche Bildungsbürger-Begegnungsstätte mit nachgelagertem Lehrauftrag. Doch gerade wegen dieser rigiden vergnügungsfeindlichen Programmpolitik der strengen Hand war das Publikum so dankbar und zufrieden. Jeder noch so kleine Brocken unbeschwert anmutender Unterhaltung wurde gierig aufgesogen, die Sender im Gegenzug mit güldenen Traumquoten überschüttet. Und die glücklich zwangsverknappte Bevölkerung teilte ein angenehmes Gemeinschaftserlebnis, das bis heute die Generationen verbindet – denn wenn einmal versehentlich ein interessantes Programm auf einem der zwei zahlenmäßig recht überschaubaren Kanäle lief (mit Strebern, die damals das Dritte guckten, redete man ja gar nicht, da lief doch nur Schulfernsehen, igitt!), hatte man bei seinem Gegenüber am nächsten Tag eine Chance von mindestens 50 %, dass er das auch gesehen hatte. Diese Sache mit dem »Privatleben« und Rausgehen und so steckte ja auch erst in den Kinderschuhen.

Was lernen wir also daraus? Wenn man nix zu fressen hat, ist man dankbar für selbst die kleinste Portion Nachtisch. Hat man die genau richtige Menge zur Sättigung, und schmeckt diese vielleicht auch noch, ist man irgendwie unzufrieden, weil man immer denkt, es könnte irgendwo noch mehr geben. Und wenn alles im Überfluss vor einem steht, frisst man, bis man kotzt, vor allem das billige ungesunde Zeug, was einem gar nicht bekommt, und denkt während der anschwellenden Übelkeit zurück an die schöne Zeit, als man noch Hunger hatte.
So blöd wie der Mensch möchte bestimmt manches Tier auch mal sein, wenn auch nur ganz kurz zum Spaß.

ICH WILL NICHT MEHR PAPST SEIN!

Wie glücklich waren wir alle doch noch vor wenigen Jahren, als wir plötzlich über Nacht alle auf einen Schlag Papst wurden. Ganz Deutschland war im Ratzi-Fieber und genoss die kollektive Heiligsprechung. Doch auf einmal war das alles vorbei, die Stimmung kippte und niemand wollte mehr Papst sein, nicht mal der Papst selber. Wie konnte es dazu kommen?

Routinemäßig hatte der Heilige Vater eine Herde sündiger Schäfchen begnadigt, die mal irgendwann wegen irgendwas exkommuniziert worden waren. Darunter auch Richard Williamson, ein durchgeknallter Bischof aus England, der unter anderem die Thesen vertritt, dass die Protestanten vom Satan gelenkt werden und Frauen weder Hosen tragen noch auf Universitäten zugelassen werden sollten. Da das alles soweit ja ganz vernünftig klang, holte ihn der Papst also gütig zurück in den Schoß der katholischen Kirche. Dummerweise wurde dabei aber übersehen, dass Bischof Braindead darüber hinaus auch noch lauthals vermeldet hatte, es hätte den Holocaust im Dritten Reich nie gegeben. Selbst nach heftig auflodernder Kritik und persönlicher Aufforderung des Pontifex nahm er diese Aussage allerdings nicht zurück, da er meinte, dass er »erst noch mal die historischen Fakten prüfen« und sich ein paar Guido-Knopp-DVDs bestellen müsse. Es folgten internationale Proteste, hohe Würdenträger sprachen von einer Papst-Falle samt Verrat, und unser geliebter Ratzebär verwandelte sich auf einmal in den Kurt Beck des Vatikan.

»Okay, hat der Kollege Pope-Man halt 'nen Fehler gemacht, soll er sich kurz entschuldigen, den irren Schweinepriester wieder in die Pampa schicken und Schwamm drüber!«, würde unsereiner in solch einem Falle wohl sagen. Blöd halt nur, wenn man der Papst ist, denn der macht nun mal keine Fehler, weil er ja laut Arbeitsvertrag generell unfehlbar ist. Doofe Sache. Und so wirklich leicht ist es für ihn auch nicht, eine andere Ausrede für den Fauxpas zu finden. »Ich war halt jung und unerfahren!«, zieht bei dem knackigen 83-jährigen nur so mittel. »Ich komme aus Deutschland, da wissen wir nicht so viel über das Dritte Reich!«, klingt auch konstruiert. Und als Vertreter Gottes wäre es ebenso falsch zu behaupten: »Na ja, mein Chef ist halt ein Idiot!«, selbst wenn das im normalen Berufsleben fast immer zieht.

Echt verzwickt. Da bleibt nur stures Aussitzen, sich dumm stellen und hoffen, dass in ein paar Jahrzehnten Gras über die Sache gewachsen ist. Und natürlich ab und zu mal ein paar Würdenträger von der Leine lassen, die sich lautstark darüber empören, dass es weltliche Kleingeister wie die Kanzlerin überhaupt gewagt haben, ihre Meinung über den Unantastbaren zu äußern, denn das stünde nun einmal niemandem von uns zu.

Wobei ich mir bei allem Respekt erlaube, dies doch zu tun. Denn Scheiße bauen ist ja im Grunde nicht schlimm, nur den eigenen Haufen heilig zu sprechen, bloß um die eigene Göttlichkeit zu untermauern, macht aus dem Dödel noch keinen Goldklumpen.
Aber das ist halt der Vorteil, wenn man einen Vorgesetzten hat, dessen Existenz noch nicht eindeutig bewiesen ist – man kann auch nicht von ihm entlassen werden!

DAUERNERVHINWEISE

Es ist amtlich (jedenfalls vorläufig): Stefan Raabs Wok WM auf Pro7 muss wegen dem vielen Sponsoring mit der durchgehenden Einblendung DAUERWERBESENDUNG versehen werden. Zum Schutz für die Zuschauer, damit die verstehen, dass die ganze Werbung darin als Werbung zu verstehen ist. Sehr gut. Es gibt ja auch noch nicht genug unnützes Gekrickel im Bild. Und da wir inzwischen ja alle wissen, dass das Publikum ohnehin größtenteils aus einem denkunfähigen Haufen debil vor sich hin sabbernder Allesglotzer besteht, die gar nicht mitbekommen, was da eigentlich vor ihren Augen flackert, ist dies auch äußerst hilfreich. Obwohl ein solcher Warnhinweis dann eigentlich auch bei Wetten dass, Fußball, Formel Eins und allen anderen durch Werbebanner verzierten Sportevents Pflicht sein müsste, in denen die Protagonisten bis auf den Pimmel mit Sponsoren-Hinweisen zugekleistert sind.

Zudem wären ähnliche Einblendungen in anderen Genres ebenfalls ratsam. Bei der unwürdigen Affen-in-Anziehsachen-Serie UNSER CHARLY im ZDF könnte beispielsweise die Markierung DAUERTIERQUÄLSENDUNG nicht schaden. Jedenfalls wenn einem GEQUIRLTE SCHIMPANSENSCHEISSE zu radikal klänge. In den ganzen Quiz-Night-Flipchart-9live-Call-In-Shows ohne Namen oder Inhalt müsste rein rechtlich gesehen so etwas wie DAUERVERARSCHUNG oder BETRUG-A-GO-GO stehen, möglichst in rosa blinkenden Großbuchstaben mit einer Sirene daneben. Unten in der Ecke von Kerner, Beckmann oder Anne Will würde der Zusatz DAUERGESCHWAFEL sicherlich Sinn machen, oder einfach BLA, BLA, BLA!, gegebenenfalls auch ruhig mal einfach ein deutliches FRESSE! Bei den Tagesthemen könnte ich mir höchstens ein BITTE NICHT FÜTTERN vorstellen.

Um es einfacher zu machen, sollte man unter das gesamte dahingerotzte Doku-Reality-Laienschauspieler-Richter Beratungs-Soap-Sonstwas-Mumpitz-Nachmittags-und-Vorabendprogramm der Privatsender den Universal-Hinweis ENDLOSGENERVE oder DAUERDOOFENSENDUNG kleistern, das passt immer. Bei ARD und ZDF würde für fast den kompletten Tag als einzige Einblendung BITTE LEISE! NICHT WECKEN! reichen.

Überhaupt wären permanente Warnhinweise für das Publikum eine gute Idee, bei Zigaretten hat man sich dazu ja inzwischen auch durchgerungen. Schön wären Sätze wie FERNSEHEN KANN IHREN VERSTAND BESCHÄDIGEN, vielleicht auch DIESE SENDUNG IST FÜR ZUSCHAUER NICHT GEEIGNET oder PROGRAMME WIE DIESES SCHADEN IHNEN UND IHRER UMGEBUNG. Direkt auf das Fernsehgerät sollte WÄHREND DER PRO-

GRAMMAUSWAHL BITTE GEHIRN EINSCHALTEN gedruckt werden. Und universell passend für quasi sämtliche Formate ist immer noch DAS MACHT DOCH ALLES KEINEN SINN!, OH MEIN GOTT! oder ÜBRIGENS: DRAUSSEN LÄUFT GERADE DAS LEBEN! Könnte helfen, oder?

MEIN LEBEN ALS FILM

Irgendetwas mache ich falsch. Manchmal wache ich morgens auf und sehe mit Bestürzung, dass kein einziges Kamerateam in meinem Schlafzimmer steht, und dann denke ich: Vielleicht bin ich gar kein richtiger Promi! Vielleicht bin ich nur einer von diesen komischen Normalos, die ja anscheinend überall da draußen rumlaufen. Die keine Sau kennt und die in ihrem ganzen Leben noch nicht mal wen vom mdr bei sich in der Wohnung hatten.

All diese seltsamen Leute, die tagsüber arbeiten, den Müll entsorgen, das doofe Brot backen, das wir fressen müssen, oder nach einem Mittel gegen Krebs forschen und all so ein Scheiß, aber die man nie bei wirklich wichtigen Sachen sieht, wie auf der After-Show-Party von Germany's Next Top Model oder so.

Es hat sich nun mal vieles geändert in der Welt. Der Sinn des Lebens ist nicht mehr, selbiges erfolgreich zu überstehen, sondern dass andere einem dabei zusehen. Dadurch wird man berühmt, respektiert und zum Vorbild für andere.

So wie Sarah und Marc beispielsweise, die erst eine ganze Serie lang in love waren, in der emotional gesteigerten zweiten Staffel sogar crazy in love und danach verständlicherweise madly divorced, allerdings das dann größtenteils ohne Kamera. Da konnte man als unwichtiger Horst von nebenan mal sehen, wie verdammt schwer das sein kann, dieses verrückte Showleben und den manchmal ganz schön stressigen Alltag unter einen Hut zu kriegen. Und dass das gar nicht so leicht ist, mit all dem Geld und der Aufmerksamkeit sinnvoll umzugehen, wenn man eigentlich gar nichts zu sagen hat, und wenn trotz des vielen Krachs um einen herum am lautesten das Echo der inneren Leere widerhallt.

Oder nehmen wir mal diese Jana Dingsbums und ihren grinsenden Typen, dessen Namen man immer vergisst, weil er nur mal kurz in irgendeiner dieser Casting-Hüpf-Combos mitgetanzt hat. Die haben das genau richtig gemacht: Erst ließen sie sich von Pro7 während ihrer kompletten Hochzeit begleiten, dann noch intensiver während Schwangerschaft und Geburt, und später beim Eröffnen der eigenen Pizzeria. Wobei interessant war, dass mit zunehmender Penetranz das ohnehin nicht übermäßige Interesse der Zuschauer immer geringer wurde. Schon frustrierend, wenn man erkennen muss, dass man einfach nicht wirklich prominent wird, egal, wie oft und wie laut man es behauptet.

Es gibt nun einmal viel zu viele Prominenzlinge, die sich ungefragt in unser Leben drängen, obwohl sie eigentlich keiner kennt und vor allem niemand kennenlernen will! Ein schönes Beispiel für diese Kategorie sind auch immer wieder die Effenbergs, die nach diversen höchst öffentlich ausgebreiteten Trennungen für ihre eigene Doku-Soap sogar extra doch wieder zusammenblieben und in eine neue Wohnung zogen. Hammer-Story für 'ne Serie, keine Frage: sich nicht trennen und dabei Umzugskartons einpacken! Wundert mich, dass Hollywood sich da noch nicht gemeldet hat. Aber obwohl sie wirklich alles versuchten, ihr verkorkstes Leben im Bewusstsein der eigenen Bedeutungslosigkeit noch irgendwie erträglich fürs funverwöhnte RTL-Publikum zu inszenieren, ging es trotzdem in die Hose und wurde nicht geguckt. Traurig für sie, Hoffnung spendend für uns. Genetisch lebensunfähige Exemplare des Promi sapiens in Arbeitssituationen der gewöhnlichen Normalo-Nulpen zu begeben ist bei einigen Sendern allerdings besonders beliebt. Collien und Gülli auf dem Bauernhof zum Beispiel, das war echt spitze: zwei knalldoofe Blödmäuse mit Stöckelschuhen beim Kuhkacke-Stapeln. Da konnten die ganzen Bauern mal endlich lernen, wie uncool ihre Existenz eigentlich ist, im Gegensatz zu der von den so flippigen Girlies wie den zwei hirntoten Power-Pussys.

Ein weiterer großformatiger Flop war auch der »Comedy-Zoo«, wo A-List-Super-Promis wie Gülcan (again), Sonya Kraus, Gina-Lisa und Ross Anthony einen funny Tag im Tiergehege arbeiten mussten. Granatenmäßig, von solchen Formaten kann es gar nicht genug geben! Für viele der Beteiligten war es ja auch sicher schön, im Affenhaus und Schweinekäfig mal ein paar alte Verwandte wiederzusehen. Wurde aber wegen extremer Scheißigkeit und desatröser Quoten nach nur zwei Folgen wieder abgesetzt. Mein Vorschlag für die Zukunft wären übrigens noch das Comedy-Scheißhaus und die Promi-Pissrinne, kann man ganz billig im Bahnhofsklo drehen, superlustig.

Auf jeden Fall sollte sich so langsam mal jeder Mensch Gedanken machen, wie und für welchen Sender er seinen Alltag fernsehtauglich aufarbeiten könnte. Das Ziel muss sein: Auch wenn man im Leben absolut nichts geleistet hat – wenn man tot ist, sollte Gott einen wenigstens nach einem Autogramm fragen!

ARME SCHWEINE

Kinder sind viel klüger als Erwachsene. Das hört man häufig. Und wenn man mal ein paar Stunden durch die TV-Programme zappt und sich die volljährigen Vollidioten dort anschaut, möchte man dieser Aussage fast Recht geben. Obwohl der Vergleich in diesem Falle statt mit Kindern auch mit Schimpansen, Blutegeln oder Kaulquappen funktionieren würde.

Trotzdem wurde mir der messerscharfe analytische Verstand der oft unterschätzten Jungmenschen wieder einmal bewusst, als ich kürzlich bei einer befreundeten Familie zu Gast sein durfte, bei der zufälligerweise der Fernseher lief, genauer gesagt SAT.1. Gerade war kurz nach einer Sendung mit Kai Pflaume eine Sendung mit Kai Pflaume zu Ende gegangen, in deren Werbepausen Kai Pflaume für zusammengemantschte labberige Fleischersatz-Burger Werbung machte, und in deren Anschluss auf die nächsten tollen Sendungen mit Kai Pflaume hingewiesen wurde. Woraufhin die neunjährige Tochter mit einer Mischung aus Genervtheit und Mitleid fragte: »Sag mal, Mama, verdienen die da im Fernsehen wirklich so wenig, dass kein anderer die Sendungen machen will außer Kai Pflaume?«

Mir allerdings blieb nach kurzem Lachen doch selbiges im Halse stecken, als ich die tragische Wahrheit hinter diesen Worten erkannte: Ja, genau so ist es! Die mediale Überpflaumung, der Kerner-Overkill, der Zietlow-Wust, die Unmengen wild wuchernder Pilawas, die Sonja-Krausierung bis zum Erbrechen ... ich hatte diese uns alle so penetrant die Programme überflutende Hackfressen-Schwemme immer als persönlichen Angriff gesehen. Hatte gedacht, es handle sich bei den Protagonisten um eitle, geldgeile und ruhmsüchtige Nervnasen, die einfach zwanghaft ihre Grinsemurmel in absolut alle Kameras recken und aus reiner Gier jede Sendung an sich reißen müssen, die bei drei nicht die Hose hoch hat.

Doch plötzlich verstand ich, wie sehr ich mich geirrt und die tragische Realität fehlinterpretiert hatte. Denn in Wirklichkeit sind all diese so genannten A-Promis mit Dauerschleifen-Existenz nichts als ganz arme Schweine! Bedauernswerte Kreaturen, die lächelnd und labernd in sinnfreier Endlospräsenz erstarren müssen, ohne der Welt wirklich etwas zu sagen zu haben. Gezwungen, für einen Hungerlohn all dem Müll ihre Visage zu leihen, den sonst kein vernünftiger Mensch freiwillig moderieren würde. So eine Art mediale Märtyrer, die ihr eigenes Leben opfern für all die fleißigen Fernsehschaffenden, die noch Charakter und eine Zukunft haben. Niemand, der bei Verstand ist, möchte im Grunde beim Fernsehen arbeiten, sich vor Millionen von Menschen zum Vollhorst machen oder irgendwelche stinklangweiligen Schwachmaten-Shows präsentieren müssen, das ist logisch. Diejenigen, die es doch tun, vielleicht sogar mehr als uns allen lieb ist, müssen demnach entweder ein sehr großes Herz oder ein sehr kleines Gehirn haben, vor allem aber eine überdurchschnittliche Leidensbereitschaft. Oder jemand hat sie zu all dem gezwungen. Vielleicht, weil die Sender irgendein schmutziges Geheimnis kennen, z. B. dass man Geld aus dem Klingelbeutel gestohlen hat, auf satanischen Messen Neugeborene opfert oder gern minderjährige Schafe bumst.

Was auch immer – verdient hat so ein Schicksal trotzdem keiner. Mir tun diese ganzen armen Promis einfach leid. Arme Schweine. Arme dumme Schweine!

COPYRIGHTHINWEISE

Seite 9–18
aus: Willy Astor, *Unverrichter der Dinge*
© Verlag Antje Kunstmann GmbH, München 2006,
S. 11–14, 19–22, 25, 29, 45, 108–112

Seite 19–33
aus: Horst Evers, *Mein Leben als Suchmaschine*
© Eichborn AG, Frankfurt am Main, März 2008,
S. 7–19, 41–42, 99–100

Seite 35–36
aus: Käthe Lachmann (Hg.), *Wir danken für Ihr Verständnis! Das Bahn-Comedy-Buch*
© Hennes Bender, S. 21–23

Seite 37–51
aus: Peter Knorr, *Otto – Das Werk*
© Carlsen Verlag GmbH, Hamburg 2008,
S. 7, 19, 20–21, 24–25, 36, 38, 50–52, 102–103, 115–116

Seite 53–67
aus: Olaf Schubert, *Wie ich die Welt retten würde, wenn ich Zeit dafür hätte*
© S. Fischer Verlag GmbH, Frankfurt am Main 2010,
S. 13–27

Seite 69–86
aus: Sascha Korf: *Wer zuletzt lacht, denkt zu langsam. Heute schon antworten, was Ihnen morgen erst einfällt*
© 2010 Bastei Lübbe GmbH & Co. KG, Köln,
S. 14–22, 77–85

Seite 87–103
aus: Ralf Schmitz, *Schmitz' Katze. Hunde haben Herrchen, Katzen haben Personal*
© S. Fischer Verlag GmbH, Frankfurt am Main 2008, S. 18–25, 43–51

Seite 105–119
aus: Chris Boettcher, *Fränglisch mit Loddar. Again what learned!*
© 2010 by riva Verlag, S. 28–29, 48–50, 58–59, 100–110

Seite 121–138
aus: *Achtung Baby!* von Michael Mittermeier
© 2010 by Verlag Kiepenheuer & Witsch GmbH & Co. KG, Köln, S. 22–39

Seite 139–178
aus: Matze Knop, *Wer ich bin – und das sind viele*
© 2010 by mvg Verlag, S. 17–31, 41–55, 233–240, 277–283

Seite 179–192
aus: *Bonbon aus Wurst* von Helge Schneider
© 2009 by Verlag Kiepenheuer & Witsch GmbH & Co. KG, Köln, S. 9–27

Seite 193–196
aus: Käthe Lachmann (Hg.), *Wir danken für Ihr Verständnis! Das Bahn-Comedy-Buch*
© Ingo Oschmann, S. 30–33

Seite 197–212
aus: Oliver Kuhn/Michaela Moses, *Deutschland Deppenland. Wie doof die Deutschen wirklich sind,*
© 2009 by mvg Verlag, S. 79–88, 191–195, 211

Oliver Kalkofes Kolumne »Kalkofes letzte Worte« erscheint regelmäßig in der Programmzeitschrift »TV Spielfilm«. Weitere Informationen zu Oliver Kalkofe gibt es im Internet: www.kalkofe.de

Da die Texte der einzelnen Autoren unverändert abgedruckt wurden, weisen einzelne Texte die alte Rechtschreibung auf.

Ein Knop kommt selten allein

288 Seiten
Preis: 17,95 € [D] | 18,50 € [A]
ISBN: 978-3-86882-165-9

Matze Knop

WER ICH BIN - UND DAS SIND VIELE

Was wir von Dieter, Niki, dem Kaiser und Co. lernen können

Als Deutschlands Top-Parodist schaut Matze Knop bei den Promis ganz genau hin: Was macht Beckenbauer so erfolgreich? Worin besteht das Geheimnis, Deutschlands kultigster Kaiser zu werden? Warum hat Luca Toni den Dreh raus, trotz Rumjammerns und Torlosigkeit zur unangefochtenen Numero Uno der Herzen zu werden? Was hat Paris Hilton, was andere Blondinen nicht haben? Steckt nicht ein kleiner Kaiser in jedem von uns? Oder anders gesagt: »Mach den Luca, wenn du dich unverstanden fühlst.« Der lustigste und unterhaltsamste Erfolgscoach, seit es Lichtgestalten gibt.

Die Bayern-3-Kultserie jetzt endlich als Buch und Hörbuch: »Nothing for ungood«

Preis: 9,95 € [D] | 10,30 € [A]
ISBN: 978-3-86883-085-9

120 Seiten
Preis: 9,95 € [D] | 10,30 € [A]
ISBN: 978-3-86883-084-2

Chris Boettcher

Fränglisch mit Loddar

Again what learned!

Lernen Sie Englisch von einem Mann, der die ganze Welt gesehen hat: von unserem Loddar alias Lothar Matthäus. Schon bei den MetroStars New York bekannte er weltmännisch im Interview: »I look not back, I look in front.« Die Bayern-3-Comedy-Serie »Fränglisch mit Loddar« ist extrem erfolgreich. Jetzt kommt die Comedy erstmals als Buch und Hörbuch auf den Markt. Comedy-Star Chris Boettcher präsentiert die besten Lebensweisheiten und Sprichwörter auf Fränglisch, Loddars schönsten Liebesbrief, eine Motivationsrede und ein solides Fränglisch-Wörterbuch in 15 Rubriken. Dabei werden die Sprichwörter auch korrekt übersetzt, damit man bei allem Spaß auch noch etwas lernt. So können Sie bald sagen: »Again what learned!«

BAUER SUCHT FRAU

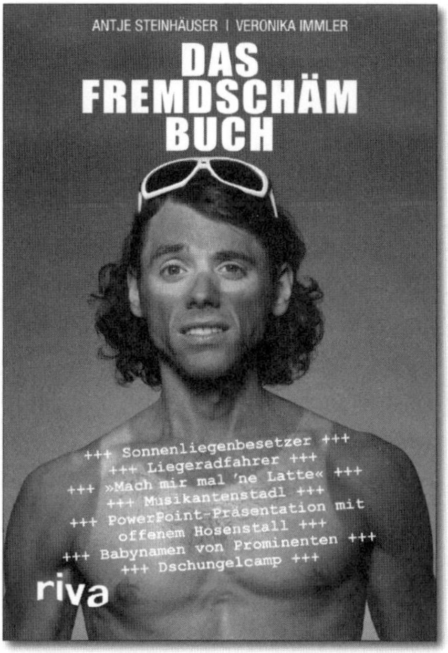

250 Seiten
Preis: 12,95 € [D] | 13,40 € [A]
ISBN: 978-3-86883-087-3

Veronika Immler
Antje Steinhäuser

DAS FREMDSCHÄM-BUCH

Ach Gott, ist das peinlich! Es gibt so viele Momente, in denen man sich für andere Menschen schämen muss. In Lifestyle-Publikationen wie NEON gab es schon unzählige Artikel – denn jeder kennt dieses Gefühl. Von »Big Brother« bis »Musikantenstadl«, von »Neun Live« bis »Bauer sucht Frau«, vom öffentlichen Stillzwang moderner Mütter bis zum offenen Hosenstall der Kollegen, viele Menschen leiden unter den Peinlichkeiten ihrer Mitmenschen. Hier sind sie alle erstmalig zum Mitleiden und Mitlachen versammelt:

- Spinat zwischen den Zähnen
- Umständliches Einparken am Reifendruckprüfer, den man einfach hätte hochheben und rumtragen können
- Liegeradfahrer

SCHLIMMER GEHT'S NIMMER

112 Seiten
Preis: 9,99 € [D] | 10,30 € [A]
ISBN: 978-3-86883-140-5

Justin Racz

50 JOBS, DIE SCHLIMMER SIND ALS DEINER

Füllt Sie Ihr Berufsalltag nicht aus? Jammern Sie gerne über Ihren Job? Sind Sie überzeugt, den schrecklichsten Beruf von allen zu haben? Dann haben Sie noch nicht *50 Jobs, die schlimmer sind als deiner* gelesen!

Justin Racz stellt mit einem Augenzwinkern die skurrilsten Berufe vor, die das Arbeitsleben zu bieten hat. Und hält alle Informationen für Unerschrockene bereit, die sich trotzdem einen solchen Job antun wollen. So erfahren wir, auf welche Arbeitszeiten man sich als Rattenfänger einstellen sollte, welche Verdienstmöglichkeiten einem als Geschlechtsbestimmer in einer Hühnerfarm winken oder aber, was die wirklichen Vor- und Nachteile der Arbeit als Exorzist sind. Außerdem tut es einfach gut zu wissen, wer alles noch übler dran ist als man selbst!